U1010338

竞走赛事组织
与裁判工作指南

主 编 杨 烽 陈新民 徐国营

北京体育大学出版社

策划编辑：梁　林　米　安
责任编辑：米　安
责任校对：原子茜
版式设计：李　鹤

图书在版编目（CIP）数据

竞走赛事组织与裁判工作指南 / 杨烽，陈新民，徐国营主编. -- 北京 ：北京体育大学出版社，2025. 1.
ISBN 978-7-5644-4206-4

Ⅰ. G821-62

中国国家版本馆CIP数据核字第20247NH480号

竞走赛事组织与裁判工作指南
JINGZOU SAISHI ZUZHI YU CAIPAN GONGZUO ZHINAN　杨烽　陈新民　徐国营　主编

出版发行：北京体育大学出版社
地　　址：北京海淀区农大南路1号院2号楼2层办公B-212
邮　　编：100084
网　　址：http://cbs.bsu.edu.cn
发 行 部：010-62989320
邮 购 部：北京体育大学出版社读者服务部 010-62989432
印　　刷：三河市龙大印装有限公司
开　　本：710mm × 1000mm　1/16
成品尺寸：170mm × 240mm
印　　张：7
字　　数：130千字
版　　次：2025年1月第1版
印　　次：2025年1月第1次印刷
定　　价：48.00元

（本书如有印装质量问题，请与出版社联系调换）

版权所有 · 侵权必究

编委会

主　编

杨　烽　陈新民　徐国营

副主编

王　宴　赵　佳　杨培刚

郭立亚　刘志强　李立群

韦　炜　杜家信　钱春华

编　委

（按姓名笔画排序）

王　伟　方红兰　刘　兵

孙朝阳　陆文生　陆永军

周长根　郑　超　赵东军

谢　民　蒋丽萍

前　言

随着我国各项体育运动竞赛的蓬勃开展，田径运动技术水平飞速发展，田径竞走赛事办赛能力和裁判员水平也日益提高。为了更好地落实中国田径协会出台的系列赛事文件的要求，满足新形势下国内竞走工作发展的需要，更加规范地指导和推动全国竞走事业的开展，提高我国竞走赛事办赛水平和裁判工作规范化程度，编者根据多年的国内外田径裁判工作的亲身经历，在总结经验教训的基础上，结合中国田径协会对田径赛事特别是竞走赛事的新要求，编写了《竞走赛事组织与裁判工作指南》（以下简称《指南》）。希望本书能为读者增加一些必要的田径竞走工作的理论知识，为赛事组织者和裁判员提供实际的操作依据。

《指南》是参考国内外正式出版的田径竞赛裁判规则和研究成果并结合编者的长期工作实践编写而成的。在编写过程中，每部分内容都尽可能遵循具体、精练、规范、实用的原则。

本书的特点是图文并茂、内容充实、专业性强。全书由两个部分组成。第一部分是竞走赛事组织，介绍了竞走运动发展历程与改革趋势，以及近些年全国主要竞走赛事组织工作程序和赛事筹备基本思路，主要包括赛事监管与立项论证、赛事申办、赛事筹备、竞走赛事组织实施工作流程、赛事服务保障等内容。第二部分是裁判工作方法，对各裁判组在比赛前、比赛中和比赛后的裁判工作程序进行了比较细致的阐述，对赛事的场地、器材、裁判用品等做了详细、规范化的说明。

《指南》是竞走赛事组织者、管理者的参考用书，是竞走裁判员的实用工作手册，对提高赛事组织管理水平和竞走裁判工作水平都具有重要的指导作用和参考价值。

由于编写组成员身在全国各省市，无法集中在一起对本书内容进行充分推敲、研讨，疏漏和不妥之处在所难免，敬请同行专家批评指正，也望广大读者提出宝贵意见。

《指南》在编写过程中得到许多同行专家的大力支持和帮助，在此一并表示诚挚感谢。

CONTENTS目录

第一章 竞走赛事组织

第一节 竞走运动发展历程与改革趋势

一、竞走项目发展

竞走运动从产生至今已有160多年的历史。竞走是在旅行走路的基础上发展起来的田径运动项目。竞走运动起源于英国。19世纪末，英国人在工作之余，节假日结伴到郊外快走游玩，逐渐形成了快走比赛。起初，竞走活动是在两个城市之间开展的，不久就从欧洲传到北美洲、大洋洲以及其他地区的许多国家。竞走在形成初期采取普通走步或任意走的形式，对技术没有严格的要求。

1867年英国举办了竞走锦标赛，当时的比赛项目不固定；1880年第一个国际竞走协会成立；1893年举行的从维也纳到柏林的竞走比赛，全程长达578公里（本书以“米”为单位表示在田径场地或室内进行的比赛，“公里”表示在公路上进行的比赛）。场地竞走在20世纪初才较为广泛地开展和流行。

1906年国际奥委会举行会议，首次将竞走列为比赛项目，当时设有1500米和3000米两个项目。1906年有人将竞走定义为两脚与地面保持不间断接触的行进运动。从这一定义可以看出，在竞走发展的最初阶段人们并未对屈腿现象提出过多要求，但十分明确地对腾空加以限制。这可能是人们根据竞走与最基本的走与跑的区别提出的要求。

男子竞走在1908年伦敦奥运会上正式成为比赛项目，分为3500米及10英里（16093.4米）两种赛程，后来也出现过3000米及10000米的赛程。

从1912年到1924年的各届奥运会的竞走比赛设项都是10公里，其中1920年安特卫普奥运会还举行了3000米竞走比赛。而1928年阿姆斯特丹奥运会上没有举行竞走比赛，这是由于在1924年巴黎奥运会的比赛中，竞走裁判员引起了争议。鉴于这种情况国际竞走协会以文字的形式，明确提出了竞走的定义。

自1956年起，20公里及50公里竞走正式成为奥运会的比赛项目。

自1961年起，每年都会举行卢加诺杯竞走比赛，后发展成为竞走世界杯，男运动员争夺"卢加诺杯"，女运动员角逐"爱斯堡恩杯"。

1976年以后，竞走比赛在世界各地广泛开展起来。

1978年，由于50公里竞走比赛被停赛，人们对竞走判罚的争议重新开始，以至于最后不得不通过投票才保住了竞走在奥运会上的地位。

1980年，国际田径联合会（简称国际田联，2019年更名为世界田径联合会）正式将女子竞走列为世界性比赛项目。竞走项目自产生以来，在相当长的时间内一直是田径项目中唯一一个男女参赛项目不对称的竞赛项目。男子比赛自1956年起就有20公里和50公里两个项目，而直到1992年女子10公里竞走（后来改为20公里）才成为奥运会比赛项目，直到2017年世界田径锦标赛才第一次给了女子竞走运动员争夺两项桂冠的机会。

1994年在斯图加特举办的国际竞走比赛男子20公里比赛中，有一位欧洲裁判员由于自己的失误没有及时传递红卡，也没有及时与记录台取得联系，当某国运动员走进场内后，他将该运动员直接拉下场，影响恶劣，随后观众以及国际田联官员都曾提议取消竞走项目。但由于很多国家开展了这一项目，对此提出反对意见，所以这一项目才被保留下来。这段时间的执裁过程还经历了数步频判罚阶段，即一旦运动员在比赛中行进步频超过200步/分即被判犯规（现在有些运动员步频已达220步/分）。裁判员在观察运动员比赛行进中是否有腾空时，常采用蹲着、趴着、乘交通工具或用一个水平参照物对比等方式。另外，为提高比赛判罚的准确性，国际田联授权某公司试验限制运动员行进中出现腾空的专用鞋以达到限制直腿跑等现象，国际田联还组织专人对竞走规则和裁判方法等进行了研究实验。

2015年国际田联代表大会在北京召开，大会通过了《国际田联竞赛规则（2016—2017）》，推动了竞走运动更快发展。国际田联竞走比赛项目设置见表1-1。

表1-1　国际田联竞走比赛项目表

比赛	项目
世界竞走比赛	(1) 成年男子20公里、30公里、2×10公里接力、35公里混合接力、马拉松竞走混合接力，成年女子20公里、2×10公里接力、35公里混合接力、马拉松竞走混合接力 (2) 青年男子20公里、场地20000米，青年女子20公里、场地20000米 (3) 青奥会男子10公里，女子5公里
国内竞走比赛	(1) 成年男子20公里、35公里、50公里，成年女子20公里 (2) 青年男子（18 ~ 19岁）20公里、30公里，青年女子20公里 (3) 少年男子（16 ~ 17岁）10公里，少年女子10公里；少年男子、女子场地5000米、10000米 (4) 男、女竞走团体赛 (5) 少年乙组（14 ~ 15岁）场地3000米、5000米

二、竞走运动规则演变

（一）竞走运动技术规则演变

竞走运动技术的规则定义是不断演变的：1900年最初将竞走描述为双脚不断交替且落地脚膝关节伸直的运动；1928年明确提出在整个运动过程中人体与地面应不间断接触；1949年要求运动中前进的脚必须在后脚离开地面前与地面接触；1956年强调落地脚在着地后应该使膝关节保持一段时间的伸直；1972年开始限定支撑腿在垂直位置应该是伸直的。后来，“屈膝”现象引起了人们的重视，裁判组织开始研判“腾空”和“屈腿”两个方面的犯规现象。

1980年国际田径规则改变了过去规则规定的运动员“至少有3张犯有同样错误（腾空或屈腿）的白卡，才由裁判长给予一次警告”的判罚方法，同时，要求裁判员独立地执行裁判任务，充分发挥每个竞走裁判员的积极作用，也减少了判罚不够及时的问题，使裁判工作方法趋于客观。

竞走规则于1985至1986 年又做了多处修改，可以说此时竞走规则已经比较完善了。同时，在“walking”前加了“race”，突出了竞走（竞速）的含义。

1986年红卡公告牌开始在重大国际比赛中使用。

（二）竞走项目规定演变

《田径竞赛规则》（以下简称年代版规则）中对竞走项目规定的演变如下。

1988年版规则第七章第四十四条将竞走定义为两腿交互迈步前进、与地面保持不间断的接触，在任何时间都不得两脚同时离地的运动。即运动员迈步时，后脚必须在前脚落地后才能离地；每走一步，向前迈进的脚在着地过程中，腿都必须有一瞬间的伸直（膝关节不得弯曲），支撑腿在垂直地面时必须伸直。在此之前对运动员行进中出现犯规迹象的警告是举白色的旗子作为信号的。

1992年版规则将竞走的定义进一步修订为：竞走是（脚）与地面保持不间断接触的向前跨步走。

（a）每步中，在后脚离地之前，前脚必须与地面保持接触。

（b）支撑腿在垂直地面时至少有一瞬间必须是伸直的（膝关节不得弯曲）。

（c）在公路竞走赛中，包括主裁判在内通常至多有9名裁判员。

在室内、室外场地竞走比赛中，包括主裁判在内至多应有5名裁判员。对于举办规则第12条1（a）的比赛，所有裁判员必须是国际田联国际竞走裁判组的成员。另外，1992年版规则将竞走裁判长改为竞走主裁判，还规定必须设置一块取消运动员比赛资格的公告牌，通知运动员各自有多少红牌已送交竞走主裁判，强调竞走裁判员均应独立工作，其裁决应以眼睛观察为依据。

1996年版规则特别强调了裁判员的眼睛是唯一的判罚依据。

1998年版规则对竞走的定义进行了修订：竞走是运动员与地面保持接触、连续向前迈进的过程，没有（人眼）可见的腾空，前腿从触地瞬间至垂直部位应该伸直（膝关节不得弯曲）。1998年版规则规定场地竞走比赛中，包括主裁判在内至多有6名裁判员。

2002年版规则230条2（7）增加了应任命一位负责严重警告公告牌的裁判员和一名主裁判记录员的规定，规定了场地竞走赛中，包括主裁判在内的裁判员通常应为6人。2002年版规则明确规定裁判员使用的警告牌为黄牌，在此之前警告牌是白色牌子（腾空/屈腿的标识为黑色）。

2006年版规则增加规定：当比赛终点设在体育场内，或为场地竞走的最后100米，或为公路竞走的最后100米时，当运动员的行进方式明显违反竞走规则时，竞走主裁判有权取消该运动员的比赛资格（不管此前是否已收到对该运动员的严重警告）。在上述情况下被竞走主裁判取消比赛资格的运动员可走完全程。

2006年版规则还增加了规定：如果竞走裁判员接到无论是裁判员、检查员还是其他人的举报，并确认运动员离开了标明的比赛路线而缩短比赛距离，将取消该运动员继续比赛的资格。

2011年版规则将警告公告牌改为黄牌，严重警告公告牌改为红卡；在比赛路线上和靠近终点处，设置一块或多块显示红卡的公告牌。另外，2011年版规则还增加了竞走裁判员必须使用有传输功能的掌上电脑，以便将所有红卡信息及时传递给记录员和红卡公告牌处的规定。

2019年版规则规定竞走是运动员用双脚向前行走的方式与地面接触、没有（人眼）可见的腾空，前腿从触地瞬间至垂直部位应该伸直（膝关节不得弯曲）的运动。

根据国际田联竞走委员会在2013年4月提出的建议，国际田联理事会决定，从2014年开始，所有成员国家、地区年龄16岁以下组的竞走比赛应尽可能采用罚停区规则，目的是降低（如果不能避免）运动员被取消比赛资格的概率。同时，专门成立了一个工作组，为实际执行罚停区规则规定制定了适当的框架，并提供了一套操作指南。部分规定如下：场地赛罚停区设置在终点直道上，距离终点80米处，位于5～7道，在红卡显示屏之前，罚停区两端分别有一个入口和一个出口（大小相同），长度最长为10米；宽度可以变化，但应该能同时容纳5名运动员；应使用小的障碍物或锥形体标识罚停区范围。在罚停区内运动员可自由活动，罚停区不得有座位，运动员也不得接受饮料、用水/饮水站或其他形式的帮助，但运动员被允许与教练员沟通。公路项目罚停区的设置应该与场地罚停区相似，罚停区设在距起点800～890米处。表1-2为各竞走比赛项目罚停时间。

表1-2 各竞走比赛项目罚停时间

项目	时间
5000m/5km	30s
10000m/10km	1min
20000m/20km	2min
30000m/30km	3min
40000m/40km	4min
50000m/50km	5min

（三）用水/饮水站和饮料站设置与线路演变

图1-1至图1-3为20世纪80年代中期竞走比赛场地安排情况。

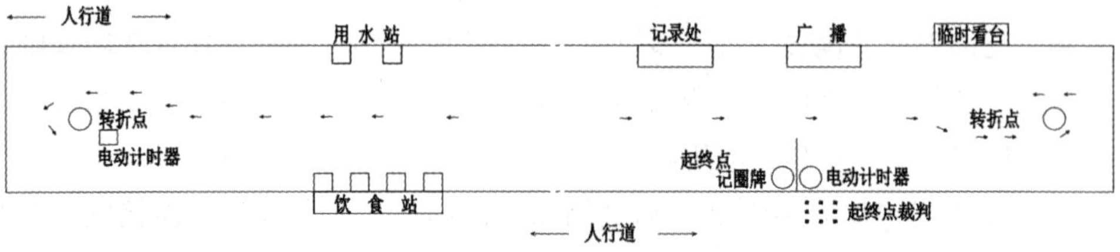

图1-1　1985年我国秋季竞走公路比赛场地

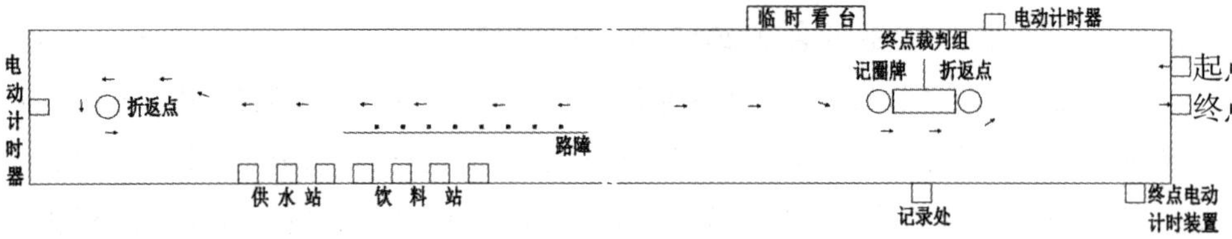

图1-2　1985年世界杯竞走比赛场地

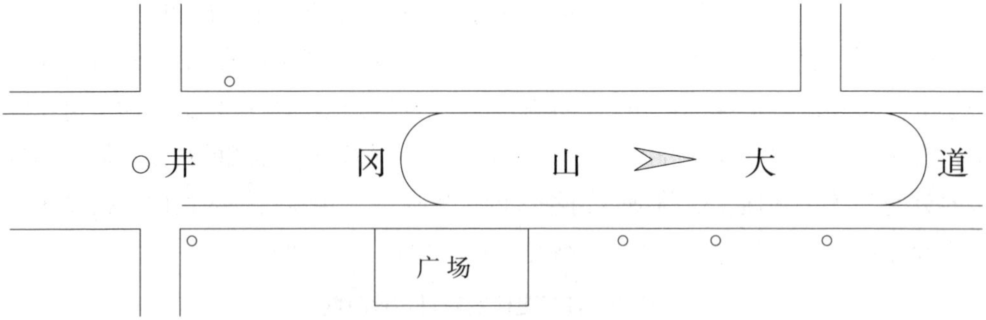

图1-3　1986年全国春季公路比赛场地

1988年版规则中关于用水/饮水站和饮料站的规定如下。

用水/饮水站：10公里和10公里以上的竞走项目，根据气候条件可间隔适当距离设置用水/饮水站。

饮料站：凡超过20公里的竞走项目，大会组织者应提供饮料，饮料站应设在距起点5公里左右处，然后每隔5公里或每一圈（在田径场举行时）设置一个饮料站。饮料站可每隔20分钟开设5分钟。在两个饮料站之间应设置用水/饮水站。饮料可由大会组织者提供，也可由运动员自备。

同时，1988年版规则指出，在比赛的路线上应尽量禁止机动车辆通行。公路竞走比赛应保证在白天结束。大会指派的医生应佩戴明显标志，并有权命令不宜继续比赛的运动员退出比赛。

1988年版规则还对环形路线进行了修改：20、30、50公里竞走比赛的路线最好是环形的，每圈不超过2500米。例如，若50公里竞走比赛的起终点设在田径场内，则往返路线不得超过5000米；20、30公里竞走比赛的起终点也可设在田径场内。

1992年版规则将用水/饮料站修改为用水/饮水站，并提出应在起终点备饮水和其他适当饮料，规定在20公里及20公里以下所有场地、公路的竞走比赛中，根据天气情况应以适当间隔距离设置用水/饮水站。同时，凡20公里以上的各项竞走比赛应在距起点5公里处及以后每隔5公里或每圈设置1个饮料站。同时，用水/饮水站应设在2个饮料站中间或根据天气情况布置得更加密集些。运动员不得在饮料站之外拿取饮料，否则将被取消比赛资格。

1992年版规则对环形路线做了以下规定：10公里竞走的环形路线如可能每圈最多应为1.5公里；20公里竞走的环形路线每圈尽可能不超过2.5公里；50公里竞走的环形路线如可能应为2.5公里，加上往返起终点最长不超过5公里。该版本规则还规定在田径场内跑道上举行的比赛，运动员被取消比赛资格后，必须立即离开跑道；在公路上举行的比赛，被取消比赛资格的运动员必须立即取掉佩戴的号码布，并离开比赛路线。

1998年版规则中有关用水/饮水站和饮料站以及环形比赛路线的规定没有变化。

2002年版规则中关于用水/饮水站的规定如下：10公里以下竞走比赛根据天气情况应适当间隔设置多个用水/饮水站；10公里及10公里以上竞走比赛，应每圈设置多个用水/饮水站。此外，应根据天气情况在2个饮料站中间设置一个或多个用水/饮水站。

该版本规则对环形路线的规定如下：

举办规则第12条1（a）（b）（c）的比赛，环形路线长度每圈最长为2.5公里，最短为2公里；在20公里及20公里以上项目中，运动员在得到裁判员许可并在一名裁判员的监督下可以离开赛道，但不得因此而缩短比赛距离。

2008年版规则中允许设置喷淋站。

该版本规则有关环形路线的规定如下：

规则第1条（a）的比赛中竞走环形路线每圈最大为2.5公里、最短为2公里，其他比赛环形路线每圈最长为2.5公里、最短为1公里。

2015年版规则中关于用水/饮水站和饮料站的规定如下：起终点应备饮水和其他适当饮料（增加食品）；5公里或10公里以上竞走比赛，根据天气情况应以适当间隔设置仅限用水/饮水站的供水站；10公里以上竞走比赛，应每圈设置饮料食品供应站，还可根据天气情况在饮料食品供应站之间设置一个或多个用水/饮水站；饮料、食品可由组委会或运动员自备，均放置在大会指定饮料食品供应站，方便运动员拿取或由经批准的人员递送到运动员手中，这些经批准的人员不得进入赛道或阻挡运动员，不能从饮料桌前或超过赛道两侧1米的位置向运动员递送。运动员除医疗或竞赛官员指示外，如果从官方供应站以外接受、拿取或从其他运动员处获取饮料食品，第一次由裁判长黄牌警告，第二次将被取消比赛资格，被取消比赛资格的运动员必须立即离开赛道。

该版本规则对环形路线的规定如下：

举办规则第230条10（a）环形赛道长度每圈最长2公里、最短不能少于1公里，对于其他比赛环形路线每圈最长2.5公里、最短1公里。

2019年版规则对用水/饮水站和饮料站的规定如下：起终点应备适宜的补给；5公里及10公里以上竞走比赛，根据天气情况应以适当间隔设置仅限用水/饮水站的供水站；将用水/饮水站的用水站点改称为湿海绵站点。

该版本规则对环形路线的规定如下：

环形路线应尽可能设在距体育场约1公里为宜。规则第230条11（a）批准竞走比赛的环形路线长度为1公里或2公里。10公里、20公里、50公里竞走比赛推荐使用路线长度如表1-3所示。

表1-3　10公里、20公里、50公里竞走比赛推荐使用路线长度表

竞走距离	往返距离
10公里	1公里
20公里	1公里或2公里
50公里	2公里

三、竞走赛事发展及改革趋势

近年来国际田联竞走委员会进行了一系列竞走赛事制度改革，其中包括：在重大世界比赛，包括世界锦标赛和奥运会中，实现项目的男女平等，竞走比赛包括2个男子项目和2个女子项目；从2023年世界田径锦标赛开始，顶级竞走比赛的距离从20公里和50公里改为10公里和30公里；国际田联理事会表明2022年世界竞走团体锦标赛、2023年世界田径锦标赛、2024年巴黎奥运会举行的竞走比赛男女项目设项均为10公里和35公里。

现代竞走运动员的速度越来越快，高速走技术已被世人认可，仅以裁判员的眼睛作为唯一的判罚依据是否满足竞赛判罚的需求？是否公平、公正？这些问题客观地摆在了相关专业委员会面前。尽管竞走比赛规则对竞走技术有明确的定义，但实际上运动员在比赛的行进间客观上不可避免地存在腾空时刻。同时，高速走技术也给竞走界带来了新的困惑和挑战。相关研究表明，运动员的高速走技术中本身就存在着微小的腾空，但有的运动员在比赛中腾空时间长达60毫秒以上仍未被判罚。科研人员从多次拍摄的技术图片中分析发现，当前高速走技术中并非存在“前脚着地，后脚才能离开地面”的现象，而是存在“前脚掌着地的同时后脚即离开地面”和“前脚将要着地时后脚即离开了地面”的现象。其实，通过观察跑与走的动作结构可以发现，跑的动作有腾空，一般前脚掌着地；走不应该有双脚同时离开地面的腾空，必须有一只脚用脚后跟着地的时刻。然而现在有许多运动员的竞走技术基本介于跑与走的模糊动作之间。

有关研究表明，人的视觉阈限为43毫秒，43毫秒以下的腾空是肉眼无法辨别的；43～70毫秒的腾空，肉眼难以辨别清楚，即“模糊腾空时限”区间；70毫秒以上的明显腾空，肉眼基本可以清楚地辨别出来。世界优秀竞走运动员的腾空时间在49±9毫秒，竞走运动员的腾空时间大多在“模糊腾空时限”区间。竞走比赛判罚全靠裁判员的肉眼观察，在比赛的不同阶段，体能消耗，赛道路况，经过用水/饮水站、折返点、上下坡、折返处，超越对手，多人呈焦灼状态，冲向终点等因素，都有可能导致运动员竞走技术变形而违反规则。事实上，由于裁判员判罚视角的主观化，每位裁判员对规则的理解、判罚的角度，以及站位的不同常导致判罚尺度难以达成一致，加上经验差异，判罚结果时常发生有失公允的现象，从而引发反对者长期的口诛笔伐。反对者认为，竞走比赛仅靠人眼观察进行判罚是不够的，竞走比赛是一个缺乏客观公平性的项目。

如今竞走判罚技术的发展趋势是试图采用电子设备取代传统的人工执裁方式。早在20世纪中后期就有许多研究人员开展了将电子技术运用到竞走训练和竞赛中的试验研究。他们的方法是将数个压力传感器分别置于2个鞋底上，传感器的作用是将受到的压力信号转换为电信号，抬脚和落脚所受的压力有明显差别，研究人员以此来判断运动员是否腾空。经过多年的研究实践，这一领域比较成熟的电子芯片鞋垫（RWECS）技术从2021年开始被应用在世界竞走比赛中。

应该说，近十几年来竞走项目的改革举措相当密集，从罚停站的启用、女子50公里项目的设项及调整，到挑战赛、系列赛设项的不断修订，竞走世界杯改为世界竞走团体锦标赛等，国际竞走协会在变革上决心很大。然而事实上竞走作为一个奥运项目，无论是参与人数、高水平运动员数量、赛事场次较少，还是全球范围内竞走行业发展的停滞不前甚至局部萎缩等，都是开展竞走赛事无法回避的事实，同时也是竞走项目变革和发展的动力。

随着中国竞走项目的不断发展，中国竞走队走出国门参加世界大赛并取得了骄人战绩，多次获得奥运会、世界杯冠军，数次在世界竞走三大赛（奥运会竞走比赛、世界杯竞走比赛、世界竞走锦标赛）中获得奖牌，逐渐成为这个项目的世界强队。目前，竞走已成为我国参加历届奥运会争金夺银的重点项目。国内许多城市先后举办过世界和国内竞走大赛，其中“苏州吴中环太湖竞走多日赛”已与“国际田联世界田径挑战赛北京站”“国际田联钻石联赛上海站”并列成为国家体育总局田径运动管理中心着力打造的国内“三大品牌赛事”，并已被纳入国际田联竞走挑战赛。另外，江苏省太仓市连续多年承办国际田联竞走挑战赛、世界竞走团体锦标赛、国际田联竞走巡回赛暨全国竞走大奖赛，并承办过国际田联竞走世界杯赛；安徽省黄山市先后举办了全国竞走大奖赛、国际田联世界竞走团体锦标赛选拔赛、2016年里约奥运会竞走选拔赛等赛事。

关于竞走项目的最新改革决定

综上，竞走规则在赛事实践中不断修订、完善，体现了竞走运动的公平、公正和人性化，用水/饮水站、饮料（食品）站的设置体现了对运动员身心健康的关爱，赛事改革趋于科学化，促进了赛事的可持续发展。特别是对竞走技术定义的描述不断精确，使运动员、教练员、裁判员以及观众更加容易理解竞走比赛。通过本节对竞走规则变化的简要回顾，笔者认为竞走比赛的人为判罚将会被更加客观、公正的执裁方法所替代，这是竞走项目发展的必然。

第二节 赛事监管与立项论证

一、赛事监管

为加强对全国田径比赛的监督管理，本着"一赛一方案"的原则，精准制定详细的工作方案，进一步提高全国竞走赛事组织工作水平、安全办赛水平，制定和完善各种监管措施是十分必要的。以下援引《关于进一步加强体育赛事活动安全监管服务的意见》[1]，供读者参考。

各省、自治区、直辖市、新疆生产建设兵团体育、通信管理、公安、自然资源、交通运输、文化和旅游、卫生健康、应急管理、市场监管、气象、银保监行政部门：

近年来，各类体育赛事活动蓬勃发展，为推动全民健身、竞技体育、体育产业发展发挥了重要作用。大型体育赛事活动涉及面广、参与人数多、外部影响因素复杂、社会关注度高，如对安全问题疏于监管，极易引发安全事故。近期发生的2021（第四届）黄河石林百公里越野赛公共安全事件，造成重大人员伤亡，教训十分惨痛，充分暴露出体育赛事活动管理存在不少薄弱环节和漏洞。为统筹发展和安全，进一步加强体育赛事活动安全监管服务，保护人民群众生命安全和身体健康，经国务院同意，制定本意见。

一、明确监管原则

体育赛事活动安全监管服务工作应当坚持以下原则：

（一）政府监管与行业自律相结合。按照"谁审批（备案）、谁负责""谁主办、谁负责""谁主管、谁负责"的要求，全面加强体育赛事活动安全监管。

（二）实行分级分类管理。根据不同类别、规模的体育赛事活动，按照有关规定和职责分工进行管理，要符合有关标准。

（三）加强事中事后监管。对各类体育赛事活动的组织、保障、参赛等进行全程监管，确保体育赛事活动平稳安全有序开展。

---

[1]国家体育总局，工业和信息化部，公安部，等.关于进一步加强体育赛事活动安全监管服务的意见[J/OL].（2021-07-06）[2023-07-24].http://www.gov.cn/xinwen/2021-07-06/content.5622734.htm.

（四）监管与服务相结合。做好体育赛事活动中可能出现的风险隐患排查，制定应急处置预案，发现问题及时处置，全程做好服务保障工作。

二、夯实监管责任

（一）完善监管责任体系。各级体育部门对所辖区域内的体育赛事活动承担安全监管责任。县级以上人民政府有关部门依照职责对体育赛事活动安全监管承担相应责任。各级运动项目管理中心、单项体育协会对本项目赛事活动安全承担项目管理责任。

（二）加强行业主管部门监管责任。各级体育部门在体育赛事活动举办前或举办中发现不符合规定条件、标准、规则，涉及赛事活动重大安全问题的，应当及时提出整改建议；属于其他部门职责范围的，应当及时移交并积极配合处理。其他涉及通信管理、公安、自然资源、交通运输、文化和旅游、卫生健康、应急管理、市场监管、气象、银保监等方面的有关部门依照职责做好安全监管服务工作。

（三）落实组织者主体责任。主办方、承办方、协办方等组织者对体育赛事活动安全负直接责任，赛前应当签订书面协议明确职责分工。主办方应当建立组委会等赛事组织机制；承办方应当做好各项保障工作，确保体育赛事活动的安全；协办方应当确保其提供的产品、设施或服务符合质量和安全标准。

（四）场地空间提供方负有安全服务保障义务。各类体育活动特别是利用公园、山地、森林、江河湖泊、海洋、空域、公共体育场馆等自然资源或公共资源举办的，场地提供方或管理者应当尽到安全保障义务并在力所能及的范围内协助承担应急救援等救助任务。

三、完善监管标准

（一）建立完善标准体系。体育总局各运动项目管理中心、全国性单项体育协会要加快构建体育赛事活动标准体系，制定办赛指南、参赛指引，明确各类体育赛事活动举办的基本条件、标准、规则和程序，包括医疗、应急救援、消防、气象等安全保障。对于专业技术要求强、人身危险性高的项目，应当及时修订有关法律法规和部门规章，并相应制定强制性标准。

（二）明确组织者的条件和要求。体育总局各运动项目管理中心、全国性单项体育协会要明确体育赛事活动组织者的基本条件，包括对主办方、承办方、协办方的基本要求，加强对有关条件和要求的监督检查。

（三）规范参加者的资格条件。体育总局各运动项目管理中心、全国性单项体育协会要明确体育赛事活动参加者的基本条件，包括年龄、健康状况、运动技能以及知悉运动风险、承诺遵守竞赛规程、服从组委会安排等。

四、加大监管力度

（一）加强对各类赛事活动的评估指导监督。各级体育部门应当加强对本行政区域内体育赛事活动的信息收集工作，制定年度体育赛事活动服务指导目录，加强赛前研判、赛中指导、赛后评估。对参与人数较多、人身危险性较高或专业技术性较强的体育赛事活动，应当重点监管。有重大安全隐患的，应当征求相关单项体育协会等专业机构意见，及时督促主办方整改。

（二）制定完善应急处置预案。各类体育赛事活动一律制定灾害性天气等风险防范及应急处置预案（包括实时风险评估、风险预警、风险防范、比赛中止或延期、及时救援等内容）。

（三）加强行业协会的自律监督服务。全国性单项体育协会应当发挥行业自律作用，依照体育赛事活动组织整体水平、人数规模、层次规格、服务保障、社会影响力等因素，对所辖区域内的体育赛事活动实施等级评定或评估，对组织规范、运行良好、保障到位、整体水平高的赛事活动，及时向社会推介。

五、强化安全保障

（一）建立健全应急保障机制。各级体育部门应当联合通信管理、公安、自然资源、交通运输、文化和旅游、卫生健康、应急管理、市场监管、气象、银保监等部门，建立健全体育赛事活动应急工作机制，加强风险研判和隐患排查，开展综合性应急演练，切实提高服务保障水平。

（二）强化安全教育培训。各级运动项目管理中心、各级单项体育协会要加强对体育赛事活动组织者及相关从业人员项目技能、运动科学及安全风险等方面的培训，主动为体育赛事活动提供指导和服务，不断提高体育赛事活动组织水平。

（三）落实安全措施。体育赛事活动组织者应当配齐具有相应资质的专业技术人员，配置符合相关标准和要求的场地、器材和设施，严格落实通信、安全、交通、卫生、食品、应急救援、消防等安全措施，增加装备检查、保险购买等强制性措施，确保出现紧急情况能够果断处置。实行“熔断机制”，密切关注赛事进程，在办赛条件发生变化时，及时作出相应调整；在不具备继续办赛条件的情况下，及时终止赛事。

（四）做好疫情防控。严格执行党中央、国务院关于疫情防控的各项决策部署和属地防控要求，按照“一赛事一方案”的原则，周密制定防控方案和应急预案，坚决防止各类体育赛事活动成为疫情传播扩散的渠道。

六、严肃追责问责

（一）完善追责问责机制。根据《中华人民共和国突发事件应对法》《大型群众性活动安全管理条例》等法律法规规定，建立健全体育赛事活动安全事故追责问责机制，厘清责任单位和责任人员，明确处分种类和运用规则。

（二）严肃追究造成安全事故的组织者责任。对违反相关规定，造成人身伤害、财产损失等安全事故的体育赛事活动组织者，各级相关行业主管部门依法视情节轻重给予警告、罚款等行政处罚；各级单项体育协会依据相关行业管理办法给予通报批评、取消赛事认证资格等行业处分；构成犯罪的，依法追究刑事责任。

（三）依法追究监管责任。对体育赛事活动监管不力，造成人身伤害、财产损失等安全事故的责任单位和责任人员，按照管理权限给予相应处分；构成犯罪的，依法追究刑事责任。

二、立项论证

立项论证是依法举办赛事的重要环节，是规范赛事申办程序的需要，是为上级部门审批赛事所做的技术铺垫，是对赛事承办方赛事筹备工作的检验。根据领导和专家提出的建设性意见和建议，并参照有关赛事标准，不断完善赛事计划，力求科学合理地制定赛事申办方案十分必要。

立项论证也是政府和上级业务部门加大对赛事申办、筹备以及比赛过程的全方位监督管理力度的重要举措，特别是赛事风险预案、安全、防疫等方面工作，是立项论证必须把握的重要环节。立项论证必须目标明确、准备充分、定位清晰、可操作性强，且竞赛筹备方案必须符合中国田径协会（以下简称中国田协）办赛标准要求。

1. 论证的基本要求

（1）论证内容符合法律要求。

（2）论证内容符合专业办赛程序。

（3）论证内容符合中国田协办赛标准。

（4）论证内容符合当地政府举办大型赛事活动的要求。

（5）论证内容有紧急情况下的安全预案。

2. 论证的基本内容

（1）基本条件。

①近三年承办过中国田协主办的全国竞走锦标赛、大奖赛、冠军赛等高级别赛事或国际田联竞走巡回赛级别的专业赛事。

②具有丰富的资源与专业的运营团队，具备宣传推广的实力，与体育协会以及文化、旅游部门有密切的合作。

③参加申办活动前三年内，在经营活动中没有重大违约、违法记录，未被纳入全国征信黑名单。

④具有足够的办赛资金、良好的执行能力，完全有能力保障比赛过程中各项工作的实施。

（2）技术要求。

①所选竞走赛道区域周围安全，沿途道路平坦、路面平整，没有坑洼和松动的砂石块；应避开较大的上下坡，特别是下坡；赛道宽度应在16米以上；竞走比赛应确保在白天开始和结束；应尽可能避开高温和极端天气。

②起终点区必须有足够的空间满足搭建需要，必须有足够的空地保障运动员、官员、观众的流通。

③赛道的各功能区及折返路段须设置明显的标识牌。

④各种标识牌和提示牌要整洁、清晰、明显，数量要充足，摆放位置及高度要有利于运动员、裁判员等观看和识别；各种标识牌、提示牌摆放要安全、牢固，现场展示屏的摆放不得妨碍运动员行进。

⑤赛道沿途旁边要留有足够的位置，满足组委会设置功能区、红卡显示牌、罚停区、用水/饮水站及饮料站、卫生间、医疗站、混合采访区等的需要，且要满足新闻部门的摄影、摄像和记者的工作需要。

3. 新闻传播

赛事应通过当地官方电视台及网络电视、微博、微信等新媒体现场直播或录播；建立官方网站，积极使用网络建立线上、线下互动平台，运用新媒体手段进行推广和宣传，并建立起完善的宣传管理体系和舆论引导体系。

4. 递交材料内容

（1）须由法定代表人或授权代表人按要求填写报名申请表并加盖单位公章后递交；只接受邮寄（含快递）递交报名；报名成功后还须中国田协审核同意，符合办赛条件的单位方可参与竞争性谈判。

（2）报名时须提供以下文件（每页须加盖报价人公章）。

①有效营业执照副本复印件；

②法定代表人授权委托书原件（非法定代表人报名时提供）；

③法定代表人或授权代表人身份证复印件；

④以往优秀案例（PPT）；

⑤赛事设计方案；

⑥运营团队及主要成员简介；

⑦付给协会的权益报价。

第三节　赛事申办

一、赛事申办内容

（1）赛事申办基本条件：承办方承接国内竞走赛事前，应邀请有关领导、专家等相关人员对当地办赛基本条件特别是办赛的技术力量、办赛经验、编制的风险预案等是否满足中国田协对举办世界竞走三大赛、国内竞走比赛的要求进行可行性论证，为办好赛事做出科学的决策。

（2）获得赛事必须使用的相关场所、道路设施的赛时使用权，确认是否符合当地政府举办大型赛事活动的要求。

（3）配备与赛事规模、内容相适应的组织机构、管理人员和竞赛组织专业技术人员、志愿者团队等；有完善的竞赛规程及相关竞赛文件，有符合专业办赛程序、符合中国田协办赛要求的组织实施方案，确认相关专业电子设备器材是否满足赛事需求。

（4）确认举办日期的气候等自然条件。

（5）具有完善的医疗体系保障、交通保障和后勤保障措施，对于赛事相关人员、观众等有人身保险保障措施。

（6）满足国家法律、法规规定的其他条件。

（7）符合赛事举办的技术要求。

（8）具备各种活动区域：

① 车辆聚集区域；

② 媒体记者区域；

③ 运动员准备活动区域；

④ 官员、嘉宾、观摩团观摩区域；

⑤ 赛道隔离区域；

⑥ 运动队赛前热身区域。

（9）其他要求：

① 承办单位与主办单位——中国田协共有赛事商务开发权益，形成完整的市场开发体系；

② 承办单位需承担参赛队伍的落地接待、兴奋剂检测等相关费用。

二、赛事申办流程

（一）申办时间

依据中国田协每年10月左右在官方网站下发的“公开征集赛事承办单位的通知”内容，了解下一年度全国田径（竞走）赛事计划。

（二）申办单位

具备赛事运营资质的公司、各省市区县田径协会、体育部门、各类大专院校、中学等符合办赛条件的单位。

（三）递交申请材料

根据通知要求和全年田径（竞走）赛事计划，结合自身的办赛条件，递交申请材料。申请材料基本内容应包括以下内容。

（1）申办比赛的目的、意义。

（2）申办比赛的名称、时间、地点。

（3）承办单位、协办单位及相关协作单位的办赛经验。

（4）申办比赛所需人员的数量与结构，如裁判员数量与级别、志愿者数量与来源等。

（5）申办单位为承办比赛所能提供的场地器材、食宿、交通、经费及预算等条件满足《全国田径赛事竞赛组织基本要求》的文件。

（6）申办城市交通保障情况、比赛和训练场地图等。

（7）上级主管部门的意见（在接到申请函后，上级主管部门须在10个工作日内给市申办单位书面回复）。

（四）赛事确认

1. 办赛条件审核

（1）中国田协收到申办报告及申办材料后，将对其进行初步审查。

（2）中国田协根据赛事申办单位的办赛经验、赛事规格等实际情况，确定是否组织竞赛专家进行实地考察（相关费用由申办单位承担），相关专家应在实地考察后一周内向中国田协提交考察报告。

2. 列入竞赛计划

（1）中国田协组织专家组进行评审，评审通过后予以公布。

（2）对于符合竞赛组织基本要求的申办单位，中国田协将根据赛事计划和相关工作安排，参照其办赛意向和客观条件，安排具体赛事及比赛时间，并将其列入下一年度竞赛计划。

（五）签订“赛事承办协议”

中国田协与赛事承办单位协商承办赛事的有关事宜，明确办赛标准与条件（内容涉及办赛经费、赛事宣传、奖金发放、赞助商权益、违约责任等方面），由主办方、承办方及地方体育主管部门等签订“赛事承办协议”。

第四节　赛事筹备

一、赛事筹备工作要求

（一）成立筹备委员会

赛事筹备工作是办赛的基础，必须予以高度重视。筹备工作直接关系到比赛能否顺利进行，因此必须制订严密的运行计划，采取切实可行的措施，确保赛事筹备工作顺利进行。

承办单位应在赛事申办成功后成立筹备委员会，负责与中国田协的日常联络；按照中国田协的要求，做好赛前筹备工作陈述、考察、接待等工作；根据赛事举办时间，提前3个月落实接待酒店及比赛场地。

（二）建立组织委员会

组织委员会（以下简称“组委会”）人选按以下要求安排：

（1）国家体育总局/中国奥委会主办或在中国举办的综合性国际赛事的组委会人员安排，按国家体育总局或有关部门规定执行。

（2）中国田协主办或共同主办的赛事组委会人员安排见表1-4。

表1-4　中国田协主办或共同主办的赛事组委会人员安排表

组委会职位	担任人员	备注
名誉主任	中国田协主席或常务副主席	参照主办单位相应要求安排
主任	中国田协常务副主席或副主席	
执行主任	中国田协副主席或竞赛部部长	
执行副主任	中国田协竞赛部部长或副部长等	
秘书长	中国田协竞赛部部长（兼）等	
委员	中国田协竞赛部副部长、干部等	

二、建立赛事工作机构

赛事工作机构设综合部、竞赛部、宣传部、保障部、后勤部、场地部、疫情防控部等部门，各部门分工配合、相互协调，负责赛事的全面保障工作，严格履行承办协议规定的条款，保证比赛顺利进行。以下主要介绍各部门的主要工作。

（一）综合部

（1）负责制定总体方案和审定各部门的工作方案，督促落实和检查各项工作。

（2）负责与中国田协、上级体育主管部门进行工作衔接。

（3）负责召开组委会成员会议。

（4）负责开赛仪式、颁奖仪式的整体策划和组织实施。

（5）负责赛事的招商工作。

（6）负责融合“体育+”等主题活动的开展。

（7）负责赛事的资料归档和总结工作。

（8）负责处理和协调组委会日常工作事务。

（二）竞赛部

（1）负责赛事的组织与管理。

（2）负责制定竞赛相关文件，绘制比赛场地平面示意图，制定竞赛规程，发布补充通知等。

（3）负责赛事相关印刷品（如各种标志牌、引导牌等）的设计制作。

（4）负责召开技术会议。

（5）负责裁判员、志愿者的选调、招募、培训及比赛期间的竞赛运行工作。

（6）负责勘察比赛场地，验收场地器材。

（7）负责制定竞赛经费预算方案，监督检查竞赛费用使用情况。

（三）宣传部

（1）负责制定推广及信息服务宣传工作方案。

（2）负责落实媒体邀请、采访服务和管理以及赛事宣传报道工作。

（3）负责赛事期间的直播、转播、录播及影像资料保存。

（4）负责赛事期间赛区的氛围营造。

（5）负责组织实施新闻发布工作。

（四）保障部

（1）负责赛事期间安全保障工作方案的制定和实施，落实比赛赛区、裁判员、志愿者、运动队居住地的安全保障工作。

（2）负责赛事期间医疗救护工作方案的制定和实施，落实救护人员、救护车和药品，开通医疗救护绿色通道，承担赛事现场紧急医疗救援工作。

（3）负责赛事期间供电和通信保障工作方案的制定和实施，落实比赛赛区、裁判员、志愿者、运动队居住地的供电保障工作。

（4）负责赛场秩序的管理。

（五）后勤部

（1）负责赛事期间接待工作方案的制定和实施，落实官员、裁判员、志愿者、运动队及工作人员的报到、食宿安排和车辆调配工作。

（2）负责赛事期间宾馆餐饮服务食品安全保障工作方案的制定和实施，落实卫生检疫工作，确保餐饮卫生，保证肉类（鸡肉、鱼肉、猪肉、牛肉、羊肉等）供货渠道，食品24小时留样，严禁瘦肉精等有关兴奋剂混入食品中。

（3）负责赛事期间的经费保障工作。

（六）场地部

（1）负责赛事场地器材保障工作方案的制定和实施，落实赛道、颁奖区及贵宾室、新闻采访区、裁判员休息区、志愿者休息区、运动员休息区、兴奋剂检测室等功能区的设计和布置。

（2）负责竞赛场地器材、设施、设备的安装和调试，修缮赛段路面，满足竞赛要求。

（3）负责调整赛事期间比赛路段的公交路线，提前发布公告等。

（4）负责赛区及周边的环境保障工作。

（5）负责赛事期间建立信息传送网络和各部门之间的横向协调保障工作。

（七）疫情防控部

（1）负责赛事疫情防控方案的制定和实施，统筹竞赛、场地、后勤、安全、医疗等部门的疫情防控工作，指派专人负责赛事期间涉疫常规工作。

（2）负责处理疫情突发事件。

三、制定赛事保障相关方案

赛事组委会各部门要根据职责分工制定各部门相关工作方案，要求系统规范、科学严谨、完整详尽，针对性、可操作性强。

本书以某年黄山全国竞走锦标赛暨奥运选拔赛赛事相关方案为例进行详细说明，具体内容请扫描二维码查看。

黄山竞走赛事
参考资料

第五节　竞走赛事组织实施工作流程

一、比赛开始前的准备工作

首先要制定赛事竞赛规程，主要内容包括主办单位、承办单位、运营单位、支持单位、竞赛日期和地点、参加单位、竞赛项目、竞赛日程、参加办法、竞赛办法、团体比赛计分办法、录取名次与奖励办法、报名与报到、赛事代表等信息。赛事未尽事宜于赛前40天在中国田协官网发布补充通知，竞赛规程解释权归国家体育总局田径运动管理中心。

报名表示例

（一）赛事报名

各参赛单位根据中国田协发布的竞赛规程，在规定时间内登录中国田协官网（http://www.athletics.org.cn）的“全国田径竞赛管理系统”进行网络报名，不接受纸质或现场报名（除非规程另行规定）。

（二）补充通知

承办单位于赛前45天向赛事主管部门提交赛事补充通知（内容包括比赛地点、报名、报到、组委会和技术会议、收费标准、保险、联系人、交通信息等），由中国田协竞赛部审核后在中国田协官网发布。

（三）全国竞走赛事组织基本要求

1. 全国竞走锦标赛、冠军赛、大奖赛技术设备要求

（1）电子设备：计时显示屏、记圈显示屏、红卡显示屏、罚停区电子显示屏等其他比赛器材。

（2）各功能区：检录处、赛后控制中心、兴奋剂检测办公室、用水/饮水站（1组或多组）、大会饮料站、自备饮料站、喷淋站（1组或多组）、罚停区、医疗救护站（含救护车2～3辆）、仲裁室、媒体区、采访区、器材室、主席台等，同时提供运动员、裁判员及其他人员流通路线等。

2. 裁判员等级结构及岗位规模

竞走裁判员必须是经过中国田协培训合格的国家一级及以上田径裁判员，一般由田径国家级、国际级裁判员担任。

（1）全国竞走锦标赛、冠军赛、大奖赛主裁判以上的岗位人员必须由田径国家级及以上裁判员担任，其他岗位人员80%以上可由田径一级裁判员担任。

（2）全国大奖赛系列赛主裁判以上岗位人员应由不少于80%的田径国家级裁判员担任，其他岗位人员70%以上可由田径一级裁判员担任。

（3）全国田径奥林匹克高水平后备人才基地锦标赛（竞走）主裁判以上岗位人员应由不少于70%的田径国家级裁判员担任，其他岗位人员60%以上可由田径一级裁判员担任。

（4）裁判员岗位规模。

① 竞走裁判员：根据规则要求，在竞走比赛中，通常情况下，包括主裁判在内的裁判员至少6人，至多9人。实际选派要多于9人，一般选派10～15人或更多。

② 裁判员总人数一般为70～80人，不同岗位裁判员选派人数见表1-5。

表1-5 不同岗位裁判员选派人数表

序号	名称	人数	序号	名称	人数
1	技术代表	1～2人	15	录像主裁判	2人
2	仲裁委员会	3人	16	终点录像主裁判	1人
3	技术官员	1～2人	17	罚停区主裁判	1人
4	国际丈量员	1人	18	感应计时主裁判	1人
5	赛事总管	1～2人	19	饮水站主裁判	1～2人
6	赛事总管助理	1～2人	20	喷淋站主裁判	1～2人
7	技术主管	1人	21	竞走记录台主裁判	1人
8	技术主管助理	1～2人	22	竞赛秘书	1～2人
9	展示主管	1人	23	竞赛秘书助理	1～2人
10	外场裁判长	1～2人	24	记圈主裁判	2人
11	检录裁判长	1～2人	25	场地管理主裁判	2人
12	检录主裁判	1～2人	26	赛后控制主裁判	1人
13	发令员	1人	27	宣告员	2人（男女各1人）
14	检查主裁判	1～2人	28	电子裁判员	根据需要

③ 志愿者人数一般为48～58人，主要包括：检录、赛后控制中心、颁奖约20人，记圈6人，竞走记录台、传卡员12人，饮水站、自备饮料站12人，罚停区4人，检查4人。以上各人员数量可根据比赛规模适当增加或减少。

④ 其他赛事可以依据赛事的类别、场地、参赛规模、裁判员水平等情况设置裁判员岗位，以节俭为原则。

⑤ 全国竞走赛事国派裁判员选派参考数量见表1–6。

表1–6 全国竞走赛事国派裁判员选派参考数量表

竞走赛事名称	技术代表人数	技术官员/裁判长人数	国际丈量员人数	其他裁判员人数
国际田联竞走挑战赛（太仓、吴中等）	2人	5人	1人	2人
全国竞走锦标赛	2人	10人	1人	2人
全国竞走冠军赛	2人	10人	1人	2人
全国竞走大奖赛	1人	10人	1人	2人
全国田径奥林匹克高水平后备人才基地竞走锦标赛	1人	7人	1人	2人

（四）比赛场地

1. 赛道选择

根据竞走规则要求，我国公路竞走比赛通常采用环形赛道，距离为每圈1公里或每圈2公里，环形赛道可以是单直线，也可以中间采用双线隔离、两端为水滴型。路面的宽度在20米左右，折返区域路面半径为3.6～7.5米。如果是起终点设在田径场内的公路环形比赛路线，公路赛道与田径场的距离应在1公里以内。

比赛道路要求沿途路面平整，不能有坑洼和松动的砂石块，应避开较大的上下坡，特别是下坡。这种比赛道路的路面应有利于裁判员工作和教练员观察，有利于观众与运动员互动，有利于城市宣传和电视转播，有利于赞助商的宣传，有利于运动员创造好成绩。原则上竞走比赛应在白天开始和结束，应避开高温和极端天气。

2. 场地丈量

根据不同赛事的级别要求，竞走赛道必须经国际田联或国际马拉松和公路跑协会批准的A级或B级丈量员丈量。国内比赛承办单位选择赛道后，应邀请中国田协派人勘察、丈量比赛线路，丈量合格后方可举办比赛。一次丈量合格后，一般有效期为5年。

3. 场地布置

（1）要安排专门的场地布置裁判员和志愿者团队执行场地布置工作。

（2）按照竞赛规则的要求，公路竞走比赛要尽量选择在没有坡度、路面相对平整的直线道路上进行，用花盆或锥桶布置赛道（花盆或锥桶高0.25～0.35米，摆放间隔直道为4米、折返弧道为0.5米），赛道旁边应有适当的空地搭建主席台、运动员休息处、兴奋剂检测办公室、检录处、赛后控制中心、医务区等。赛道布置应为计时员、记圈员、裁判员、志愿者、检查员、记录台、红卡显示牌、罚停区等留有空地，特别要留有救护车通道。

（3）主席台搭建：在起终点拱门前赛道旁适当位置搭建，以便组织开赛仪式和颁奖仪式。

（4）起终点拱门：横跨赛道两侧，建议内径为12～14米，净高为3.5～4米；建议拱门两侧立柱留有终点摄像的窗口，正对终点线后沿，以便准确计取通过终点运动员的成绩和名次。

（5）建议赛道宽度不少于12米，运动员出发时应将隔离赛道的花盆或锥桶从中间移向出发方向的左侧赛道，摆成通往右侧主赛道的斜线，花盆或锥桶距离起点大约为50米，防止出发时出现赛道拥挤现象，待运动员出发后迅速恢复原样。

（6）当参赛运动员人数众多时，应在其起跑前5分钟、3分钟和1分钟时给予倒计时提示。“各就位”指令发出后，运动员应按照组委会确定的方式在起点线后集合。发令员应确保没有任何运动员的脚（或者身体任何部位）触及起点线或起点线前的地面，然后发令开赛。

（五）比赛器材

比赛器材详情请扫描二维码。

比赛器材清单

（六）制作印刷

1. 秩序册

秩序册内容详情请扫描二维码。

2. 竞赛须知

（1）竞赛须知应于赛前2天准备好，由赛事总管递交技术代表审核批准，在技术会议开始前印发给各参赛单位。

（2）竞赛须知主要内容应包含：执行规则与规程，比赛日程，竞走比赛路线，检录要求、时间、地点，各项目组别关门时间，团体赛要求，赛后控制中心地点及获奖运动员颁奖服装要求，兴奋剂检查地点和抽检人数，用水/饮水站、大会饮料

秩序册（成绩册）

站、自备饮料站、喷淋站等的位置，抗议与申诉程序及有关罚停区的设置等。

3. 补充通知

赛事承办单位应于赛前30天将有关本次赛事的具体要求通知到各参赛单位，补充通知是对竞赛规程的进一步细化和说明，主要内容有对报名、报到、交通安排、技术会议、收费、保险、有关奖励、联系方式等的说明。

4. 赛事指南

赛事指南旨在为所有运动队人员提供参赛的详细信息，主要内容包括抵离安排、赛道、食宿、交通、训练时间、气象状况、大会活动日程、竞走运动员参赛流程及进出比赛场地流线图等。

5. 其他事项

其他制作印刷事项，应根据时间节点于赛前完成。

（七）兴奋剂检查

赛事承办单位应提前与中国田协反兴奋剂办公室联系，确认兴奋剂检测工作安排；按兴奋剂检测办公室配备要求保障兴奋剂检测所需条件，确保兴奋剂检测工作顺利进行。

二、比赛期间的各项工作

（一）相关会议

1. 组委会会议

组委会会议由组委会领导、技术代表、赛事总管、领队等参加，通报赛事筹备基本情况，一般于赛前1天召开。

2. 技术会议

技术会议由技术代表、仲裁委员会、技术官员、赛事总管、竞走裁判员、竞赛秘书、各队主教练和领队参加，确认有关参赛技术性问题及参赛运动员名单，一般安排在赛前1天于组委会会议结束后召开。

3. 全体裁判员（志愿者）会议

全体裁判员（志愿者）会议于赛前2天召开，由组委会有关领导进行思想动员，强调工作纪律和要求，规范执裁方法，安排裁判员（志愿者）培训，使裁判员（志愿者）统一思想、统一认识、统一行动。

4. 赛前、赛中会议

（1）比赛每个单元要分别安排竞走裁判员、志愿者召开总结会，其目的是检查赛前制定的工作细则的落实情况，提出问题、找出原因，进一步提高工作准确性和效率。

（2）特别强调在比赛中严禁无关人员、宠物等进入赛道；做好风雨天比赛所需防护物品的准备工作；保障帐篷、拱门、显示屏等牢固安全；及时清理赛道上运动员抛弃的饮料瓶、纸杯、海绵块等物品，保证赛道的整洁卫生。

（二）相关培训

1. 裁判员培训

（1）赛事总管召集全体裁判员集中培训，全体裁判员应学习竞赛规则与裁判法、竞赛规程、竞赛须知、补充通知等有关文件，了解、熟悉场地器材。

（2）重点对记圈组、记录台裁判员进行培训。

2. 志愿者培训

（1）对赛事开赛礼仪、颁奖仪式、重要活动仪式的志愿者进行专门培训。

（2）竞赛岗位志愿者分别由相关裁判组进行专业培训。

（3）对其他应急性工作的志愿者进行培训。

3. 联调

（1）目的：检验各个裁判组事先制定的工作方法和方案是否精准、有无漏洞；检查相关裁判员实际操作的准确性、熟练性，进一步提高其工作效率；检查比赛的相关场地器材和物资是否到位，确保比赛顺利进行。

（2）赛前安排1～2个单元比赛进行联调（模拟执裁），重点对记圈组、红卡公告牌处、罚停站、分段计时组裁判员的实际操作进行检查，对运动员是否有提供或接受帮助的行为进行判罚、对中退或罚下运动员申诉等现象进行联调。将联调中出现的问题逐一落实、查找原因，提出解决办法。

（三）相关活动

1. 开赛仪式

（1）全体肃立，升国旗、奏唱国歌。

（2）承办方领导致欢迎词。

（3）主办方领导讲话。

（4）运动员代表宣誓。

（5）裁判员代表宣誓。

（6）教练员代表宣誓。

（7）主办方领导宣布开幕。

2. 颁奖仪式

（1）宣布比赛成绩。

（2）颁奖嘉宾颁奖，获奖运动员、教练员领奖。

（3）颁奖嘉宾和获奖运动员、教练员合影。

（4）颁奖嘉宾和获奖运动员、教练员退场。

（四）裁判员（志愿者）执裁要求

（1）根据竞赛规则、竞赛规程、补充通知、裁判法等相关要求执裁。

（2）在工作中要精神饱满、仪表端庄、言语礼貌、姿势（站姿、坐姿、走姿）端正、公平公正、团结协作。

（3）在执裁时，要佩戴好袖标或胸卡，不得携带背包等与执裁工作无关的物品上场。

（4）严格遵守比赛时间和赛会各项规定，按规定时间上岗，不迟到早退。

（5）各裁判组按规定的路线由主裁判统一整队进场，比赛结束整队退场。

（6）各裁判组在工作中要严肃认真，行为举止稳重，人员分布合理美观，执裁动作规范准确。

三、比赛结束后的各项工作

（一）编印成绩册

在规定时间内，赛事主办方负责人员分别将成绩册邮寄给各参赛队。

（二）工作总结

赛事结束后，各部门和竞赛工作岗位相关人员及时进行工作总结。

（三）资料归档

赛事主办方相关负责人完成赛事各项资料的归档和痕迹化管理，及时将赛事总结、秩序册、成绩册报送上级部门。

第六节　赛事服务保障

一、志愿者岗位服务

明确志愿者岗位工作职责，做好以下志愿者岗位的安排工作。

（1）重要活动志愿服务。

（2）竞赛工作志愿服务。

（3）后勤接待志愿服务。

（4）其他应急志愿服务。

二、安全服务

针对以下重点区域和群体等增加安全防范措施，加强隐患巡查和排查。

（1）运动队、官员、裁判员（志愿者）驻地。

（2）主席台区域、嘉宾区域。

（3）竞赛场地、竞赛功能区。

（4）观众区。

三、医疗服务

在运动队驻地宾馆及比赛场地配备急救设备（包括AED等）和专业医务人员，以及时提供现场急救及必要的创伤治疗服务，并开通医疗救护绿色通道。

四、后勤服务

（1）合理有效地安排后勤接待工作。

(2) 安排车辆接送参赛队、技术官员、裁判员（志愿者）往返驻地宾馆。

(3) 运动队驻地宾馆应做好食品安全检查，并将肉制品送往省级以上检测机构检测并留样。

(4) 做好少数民族参赛人员的餐饮工作。

五、气象服务

提供近5年赛期气象数据、海拔数据，保证竞赛项目安排合理。

六、新闻媒体

积极通过媒体发布赛事新闻，宣传赛事及重点参赛运动员，对比赛中出现的好成绩、好故事加大报道力度，主要包括以下内容：

(1) 新闻发布会/通气会。

(2) 媒体宣传。

(3) 广告宣传。

(4) 赛事直播、转播、录播。

(5) 其他类型宣传。

第二章　裁判工作方法

第一节　技术代表、技术官员、仲裁委员会

一、技术代表

（一）工作任务

在组委会提供的必要帮助下，技术代表应与组委会竞赛部等相关部门保持密切联系，共同保证全部技术安排符合《田径竞赛规则（2018—2019）》和《国际田联田径场地设施标准手册》的规定；处理比赛期间规则、规程没有明文规定的技术问题或特殊疑难问题。

（二）岗位设置与工作职责

1. 岗位设置

根据竞走比赛的规模要求，设技术代表1～2人，由中国田协指派。

2. 工作职责

（1）确保赛前在适当时间向所有参赛单位发放竞赛规程。

（2）决定比赛中使用的电子设备及常规器材清单。

（3）负责管控报名，并有权以技术性理由拒绝报名。

（4）安排所有比赛项目的排序和抽签，确认所有参赛队员名单。

（5）决定竞走项目关门时间和录取原则。

（6）主持技术会议，介绍技术官员。

（7）负责比赛所有必要的技术准备。

（三）工作内容

1. 比赛前

（1）学习规则、规程和相关竞赛文件，与组委会竞赛部等部门密切配合，全面了解赛事筹备情况。

（2）制定竞赛规程，包括竞赛日程、报名办法、奖励办法和录取原则，审核赛事补充通知等。

（3）向组委会竞赛部提供各项最新纪录、运动员等级标准等文件。

（4）审核报名，凡不符合有关规定者，有权以技术性理由予以否决。

（5）召开相关会议，协调有关竞赛工作流程、赛场展示、场地管理及器材核查和有关技术会议具体内容等工作。

（6）主持召开技术会议，介绍技术官员，确认参赛运动员；确定竞走项目的关门时间与录取原则。

（7）召开技术官员会议，明确分工，提出具体工作职责要求。

（8）进行实地考察，提出相关建议和处理原则，协助做好竞走比赛的各项技术性准备，并提交比赛准备情况的书面报告。

（9）根据实际需要，设置竞赛功能区、配置计算机网络等。

2. 比赛中

（1）及时了解比赛进展，加强与赛事总管的联系。

（2）在确保比赛符合规定的条件下，处理比赛过程中出现的各种技术性问题。

（3）根据规则的相关规定，主持经运动员参赛确认后的全部比赛项目的分组及比赛顺序编排等工作。

（4）每个单元比赛结束后，听取技术官员的工作汇报，及时处理在比赛中出现的经技术官员建议或裁决后仍未得到解决而提交的问题。

（5）比赛开始后负责运动员的请假审批、分组审查、出发排序等工作，如遇重大问题，及时上报组委会并做好赛事总管、现场指挥和体育展示的协调工作。

3. 比赛后

（1）检查、督促总成绩册的编制、印发。

（2）召集技术官员、裁判长和主裁判以上人员进行赛事总结。

（3）督促组委会竞赛部对赛事运行情况进行总结。

（4）撰写赛事总结报告。

（5）整理归类有关资料并归档。

（四）工作流程

技术代表的工作流程如图2-1所示。

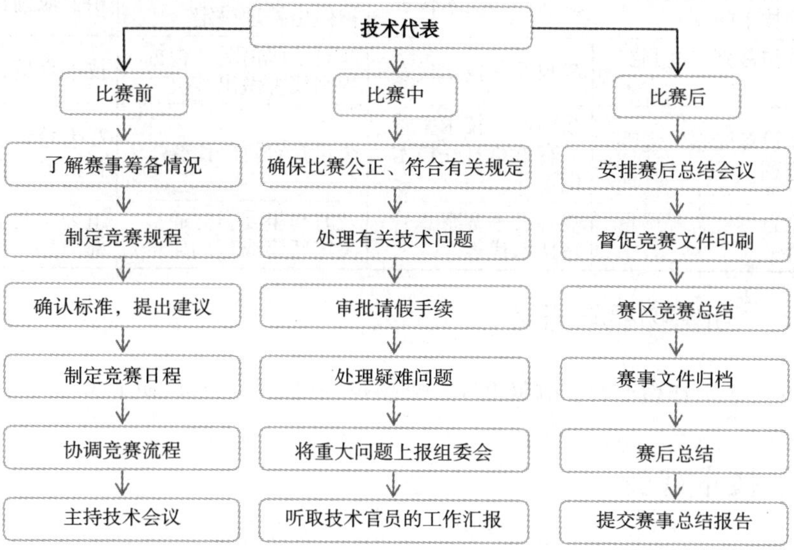

图2-1 技术代表的工作流程

（五）工作重点与难点

1. 工作重点

确保所有技术性安排完全符合相关规定，确保比赛公平、公正。

2. 工作难点

把控组委会竞赛部及相关部门的沟通与协调工作，推动前期各项筹备工作的有序进行。

（六）应急预案

技术代表的应急预案见表2-1。

表2-1　技术代表的应急预案

事件描述	应对步骤	应对措施	涉及部门或人员
在工作中出现了规则中没有明确的技术问题	裁判长—技术代表	技术代表根据规则精神做出处理决定	相关裁判长
技术官员与裁判组的判罚不一致	裁判长—技术代表	及时了解情况，根据规则精神做出裁决	技术官员、裁判长
如遇电子设备受损，影响了比赛进程	裁判长—技术主管—赛事总管—技术代表	决定是否暂停比赛	赛事总管、技术主管、电子设备厂家
现场发生自然灾害等严重突发事件	裁判长—赛事总管—技术代表	及时与组委会沟通，决定暂停或延期比赛	组委会及上级主管部门

（七）所需物品与器材

技术代表工作台1个、电脑1台、成绩查询机1台、对讲机1部。

二、技术官员

（一）工作任务

在技术代表领导下，确保比赛进程完全符合中国田协审定的《田径竞赛规则（2018—2019）》和《国际田联田径场地设施标准手册》；修改补充部分竞赛规程，保证技术代表做出的有关规定得到完全的贯彻执行；监督各裁判组完成比赛的执裁工作，在裁判长缺席的情况下，行使裁判长职责，确保比赛公平、公正，保证所创造的新纪录符合规则要求。

（二）岗位设置与工作职责

1. 岗位设置

根据竞赛规则和赛事规模可设技术官员1～2人。

2. 工作职责

（1）在现场见证比赛的全过程，完成比赛监督工作，确保比赛符合规则、规程和相关竞赛文件，保证技术代表做出的相关规定得到落实。

（2）参加技术会议和裁判员大会，赛前检查验收所有的场地器材，特别是电子设备并及时将检查情况向技术代表汇报。

（3）如遇疑难问题不能解决时，及时请示技术代表。

（4）比赛结束时，认真审核成绩和录取的名次并签名确认。

（5）在每个比赛单元结束后，向技术代表汇报比赛情况，并于全部比赛结束后及时提交书面工作总结。

（三）工作内容

1. 比赛前

（1）认真学习竞赛规则、规程和技术会议决定，了解赛事的相关规定和要求，确保比赛公平、公正。

（2）明确岗位职责，研究制定工作方法，突破工作重点、难点，明确上岗时间和工作区域。

（3）按岗位分工，认真检查、核实场地电子器材设备，如遇不能解决的问题立即向技术代表和相关部门汇报，并提出处理意见。

（4）提前对比赛中容易出现问题的环节做好预案，以便在出现问题时能及时妥善处理。

2. 比赛中

（1）按组委会规定时间到达比赛场地，检查赛事准备情况，发现问题尽快解决。

（2）处于便于观察的有利位置，见证比赛过程，确保监督到位。

（3）比赛时，关注脱圈现象及碰撞拥挤情况，及时同有关裁判长沟通交流。

（4）随时注意红卡显示屏显示的运动员信息是否准确，发现问题及时更正。

（5）比赛结束后关注所有运动员是否在场地管理人员引导下经过混合区，是否由赛后控制中心安排离开。

（6）注意需要请假的运动员是否按照相关规定要求合理请假。

3. 比赛后

（1）每个单元比赛结束后，认真审查、核对比赛成绩，确认无误后签名。

（2）每个单元比赛结束后，听取各裁判组对比赛的小结，如遇比赛中裁决方面的问题，撰写文字汇报材料并及时上报技术代表。

（3）每天赛事结束后，参加技术代表组织的会议汇报执裁情况。比赛全部结束后，撰写书面工作总结上报技术代表。

（四）工作重点与难点

1. 工作重点

（1）起点出发犯规判定。

（2）人数较多时的记圈工作。

（3）比赛过程中，重点注意冲撞、绊摔、阻挡的区域。

（4）监督运动员向裁判长提出抗议的解决过程。

（5）现场妥善处理比赛中出现的问题，保证比赛顺利进行。

（6）关注连续递水、饮料的运动员以及提供速度帮助或接受帮助的运动员，必要时将相关信息传达给外场裁判长。

（7）关注裁判组是否有违反规则第144条“对运动员提供帮助”规定的行为。

2. 工作难点

（1）高度重视安全问题，自始至终认真观察每项执裁程序，发现问题及时提示，避免造成不良后果；对可能出现的问题制定各种预案。

（2）认真核查场地器材，包括发令、感应计时设备以及红卡显示屏等。

（3）在比赛过程中，改变过去被动观察的工作状态，主动介入场地器材的赛前检查阶段，在各个容易出现问题的环节，进行重点检查，把问题消灭在萌芽阶段。

（4）比赛中及时受理运动员提出的合理要求和抗议，妥善处理和解决他们的疑问。

（五）应急预案

比赛中对于运动员提出的抗议，首先要及时留存运动员的比赛成绩，同时争取录像裁判长的帮助，再酌情处理。技术官员的应急预案见表2-2。

表2-2 技术官员的应急预案

事件描述	解决方法	预案
记圈工作出现少记或多记的现象	根据主裁判记录的时间核查，发现问题及时纠正	明确分工与职责，记录运动员每圈的大概时间，以便核对
比赛中报圈失误	主裁判根据记圈情况及时纠正	赛前认真组织学习，熟悉电子设备性能
检查员人数不足	使用备用人员	根据人员需要配备应急人员
比赛延误，不能带领运动员进入比赛场地	告知运动员延误的原因和大概比赛时间，做好运动员情绪安抚工作	和比赛现场保持密切联系
比赛中，发令枪响后，终点摄影计时系统未启动	强制启动计时器	准备1台备用计时机器
裁判员出现中暑休克等情况	本组裁判员替换	做好防暑预案
电子仪器、设备出现问题	与技术人员联系及时修复；启用预备器材和设备方案，如人工记录等；如遇到停电，采用人工方法，保障比赛继续进行	厘清原因做好预案，确保技术保障人员在赛场，做好电子器材备份
在赛中突遇下雨、雷电、大风等	听从裁判长的指示，如停赛，则按规定线路退场；如不停赛，则使用雨具	提前备好雨具
比赛中，运动员对判罚有疑义	由主裁判根据规则向运动员进行解释，必要时请裁判长及其他在场技术官员一起处理	使裁判员熟练掌握各项技术规则的条例
运动员受伤	与就近的医务人员联系处理	熟悉医务人员所处位置，保持联络的通畅
观众冲入赛场或出现骚动	及时通知组委会现场指挥；组织裁判员进行阻挡或疏导，尽可能保证比赛顺利进行	确保比赛中裁判员以规则为依据，做到公平、公正、准确执法；了解组委会安保的联络方法和工作区域

（六）所需物品与器材

夹板若干、签字笔若干、胸牌若干、袖章若干。

三、仲裁委员会

仲裁申诉书
及裁决书

（一）工作任务

仲裁委员会对裁判员在比赛期间执行竞赛规则、裁判法、竞赛规程和竞赛须知、补充通知等有关竞赛文件过程中进行的判罚以及场地器材的布置和使用引发的各种申诉行为进行裁决，以确保比赛公平、公正、顺利进行。

（二）岗位设置与工作职责

1. 岗位设置

仲裁委员会通常由3人、5人或7人组成，在安排仲裁委员会人选时，要考虑安排有竞走比赛执裁经历的人。

2. 工作职责

依据田径竞赛规则及相关竞赛文件的规定和公正有效的仲裁影像、图片或其他证据，处理规则第146条中提及的所有抗议，对发生于比赛中提交仲裁的其他事宜做出裁决。

（三）工作内容

1. 比赛前

（1）学习田径竞赛规则、竞赛规程及相关技术文件，了解竞赛日程安排，全面巡查比赛场地、器材设备、裁判工作安排等；制定仲裁回避制度及工作纪律；制作仲裁工作记录表格。

（2）根据申诉内容的性质进行技术归类，如参赛运动员/队的比赛资格、技术判罚、违反体育道德或不当行为、参赛服装、场地器材布置等。

（3）分析申诉问题的症结，商讨解决对策，明确工作分工和一般处理原则，制定工作计划和处理疑难问题的预案。

（4）落实仲裁委员会工作位置并作明显标识，以方便调看有关比赛录像。

（5）联系现场展示部门落实宣告各项比赛时间的记录工作，成绩（比赛展示）宣告时间将作为处理申诉的依据。

（6）影像资料、图片等客观证据是处理申诉的关键，必须协调录像判罚裁判长，合理安排摄影机数量、机位、角度，确保获取相关比赛图片、影像资料的及时性、科学性、有效性。影像资料留存、技术手段与操作人员等因素非常重要，必须予以高度重视。

（7）协调大会仲裁录像采集人员共同制定摄影和录像工作计划，安排录像机机位、数量、摆放位置，确保比赛关键环节的摄影，做到图像清晰、完整。安排专人协调仲裁录像系统工作方法。

（8）协调竞赛秘书和技术信息中心确定申诉表格领取和申诉费收取方式，完善申诉手续。

（9）参加技术会议，了解技术会议有关内容和决定，并提示申诉程序和方法。

2. 比赛中

（1）处理申诉的原则：以事实为依据，以规则、规程及有关技术文件为准绳，在时效范围内正确处理申诉，处理应事实清楚、证据确凿、定性准确，处理程序合法、手续完备。

（2）处理申诉的程序：接受申诉、登记、受理、复核、裁决、宣布结果、归档。通常情况下，只有认真完成比赛的运动员/队才有资格进行申诉。时效是处理申诉的一个非常关键的环节，超过时效将驳回申诉。

（3）运动员/队在比赛中，若对裁判员的判罚或场地器材布置有异议，应首先由运动员本人或运动队代表向有关裁判长口头提出，有关裁判长应对口头抗议做出答复（裁判长在处理抗议时，还可以请求录像裁判长提供技术支持与帮助）。提出抗议的运动员/队，如对裁判长的答复仍有异议，可以向仲裁委员会申诉，有关运动员/队的领队（或其他官员）必须在该项目宣告比赛成绩后30分钟内，以书面形式连同申诉费押金，一并提交仲裁委员。如果该申诉被驳回，则申诉费不予退还，如胜诉则费用退回。

（4）仲裁委员会一旦受理，就应首先联系仲裁录像采集人员查询、回放相关影像信息资料，探查事实真相，同时向有关人员（包括技术官员、裁判长、主裁判和裁判员）了解现场情况，还要收集相关有效证据（如裁判组的书面报告等信息）核实事件真相并进行裁决。

（5）对于疑难问题，应依据事实和规则精神进行裁决。如果还有异议，可以考虑其他有效证据。若仍无法改变判决，则应服从有关裁判长的判决，如判罚意见不能统一，还可以采用投票的方式进行裁决。

（6）仲裁委员会的裁决为最终裁决，除非有新的证据；如果产生新的裁决结果仍有实际意义，仲裁委员会可考虑重新进行裁决。

（7）凡涉及因处理竞赛规则及相关技术文件没有明文规定的问题而做出的裁决，事后应向技术代表或组委会书面汇报。当裁决涉及比赛积分等规则以外的问题时，待请示后决定。

（8）每个单元比赛结束后，在工作区域等待35分钟，以便运动员/队申诉。

3. 比赛后

总结并撰写书面报告，包括工作情况、受理申诉的数量（涉及内容、项目等）

及处理结果、经验与教训等内容，并上报技术代表。

（四）工作流程

仲裁委员会的工作流程如图2-2所示。

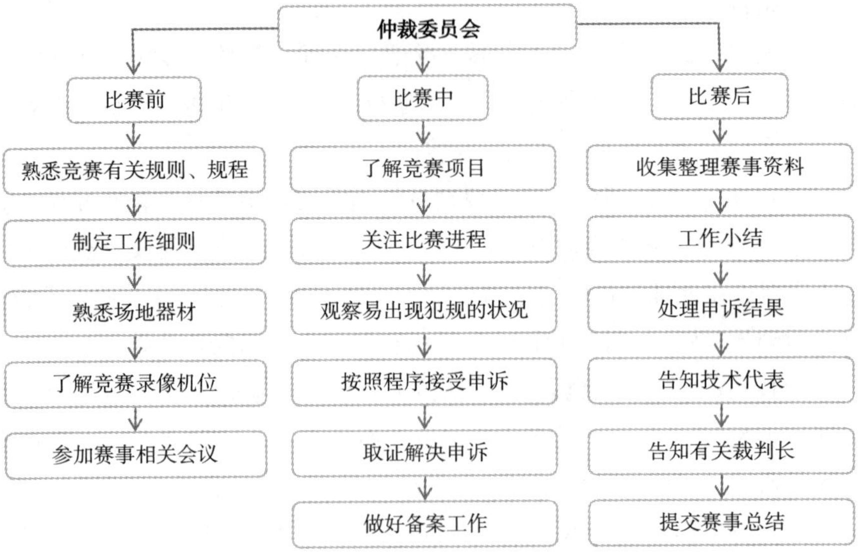

图2-2 仲裁委员会的工作流程

（五）工作重点与难点

1. 工作重点

依据事实（影像、图片、成绩等）对竞赛过程中发生的申诉进行裁决，保证竞赛有关规则、规程及竞赛技术文件得到公平公正的贯彻与执行，确保比赛顺利进行。

2. 工作难点

受理申诉时缺乏有效证据，申诉方又拿不出新的有效证据时较难以进行裁决。

（六）应急预案

当处理申诉证据不足、赛场录像存在盲区时，一方面应迅速寻找有效影像或图片证据；另一方面应及时向有关人员（技术官员、裁判长、主裁判、裁判员）了解赛场情况，搜集申诉者提供的影像作为参考依据（否则必须尊重当事裁判员的判罚结果），综合分析，做出公平公正的裁决。

（七）所需物品与器材

桌子2张、椅子3～5把、笔若干、大显示屏1个、电脑1台、成绩查询机1台，以及电源线、数据线、插座等。

第二节　赛事总管、赛事总管助理、竞赛秘书组

一、赛事总管

（一）工作任务

在竞赛主任的领导下，根据技术代表的指导和决定，负责竞走比赛的正常运行，组织领导全体裁判员工作，监督裁判员工作过程，要求比赛场地管理裁判员保证比赛场地内秩序井然。

（二）岗位设置与工作职责

1. 岗位设置

根据规则和赛事规模要求，一般设赛事总管1人。

2. 工作职责

根据比赛岗位要求负责统筹安排裁判员工作岗位，促进各裁判组的协调配合，确保所有裁判组和裁判员能正确履行工作职责。

检查裁判员报到就位情况，有权撤换任何不遵守纪律的裁判员，指定必要的替补人员，与各组裁判长和场地管理裁判员密切沟通，确保比赛场地内秩序井然，保证比赛顺利进行。

（三）工作内容

1. 比赛前

（1）熟悉竞赛规则、规程，准确把握和理解规程中的有关规定和要求，参与赛事前期筹备工作并与技术主管一同检查场地、器材和设备的落实情况。

（2）根据岗位需要，结合裁判员的业务能力，向技术代表提交裁判员的岗位名单，并及时与竞赛部沟通确定裁判员业务培训事宜。

（3）召开裁判长、主裁判以上会议，明确岗位分工和职责，了解比赛前各项工作安排时间表。

（4）召开全体裁判员大会，统一思想、统一认识、统一方法，明确岗位工作职责和工作流程。

（5）要求各裁判长按规则要求，严格检查场地、器材和设备，熟知本组工作时间、工作区域、进出场流线，熟悉设备性能、掌握器材设备的使用方法。

（6）组织裁判员和志愿者的业务学习和培训，与展示主管沟通协调，做好赛前联调方案。

（7）召开主裁判以上会议，听取各组裁判员培训、联调运行情况汇报，及时发现问题、解决问题，为竞赛做好充分准备。

（8）及时向技术代表请示和汇报有关工作情况，做好与仲裁委员会、技术官员的沟通。

（9）协助技术代表制定竞赛须知，参加技术会议，及时向裁判长、主裁判通报技术会议的相关情况。

2. 比赛中

（1）检查各裁判组到场情况，督促各裁判组做好比赛前的各项准备工作。

（2）掌握比赛进程，与展示主管保持联系。如遇特殊情况，比赛不能正常进行时，与技术代表、竞赛部门等有关人员研究应急方案及善后工作预案。

（3）根据规则精神，及时准确处理比赛中遇到的疑难问题和规则中未明文规定的相关问题。

（4）全面掌控赛场情况，关注容易发生争议和有可能出现问题的项目和地点，并协助裁判长处理比赛中出现的疑难问题和突发事件，与比赛场地管理主裁判保持密切联系，确保比赛场地的良好秩序。

3. 比赛后

（1）每个单元比赛结束后，根据需要召开主裁判以上会议进行小结，确保后续比赛顺利进行。

（2）比赛结束后及时督促各裁判组将所借物品、器材等及时归还器材室。

（3）督促竞赛秘书组编印每日秩序册和总成绩册，并撰写书面报告上交组委会。

（四）工作流程

赛事总管的工作流程如图2-3所示。

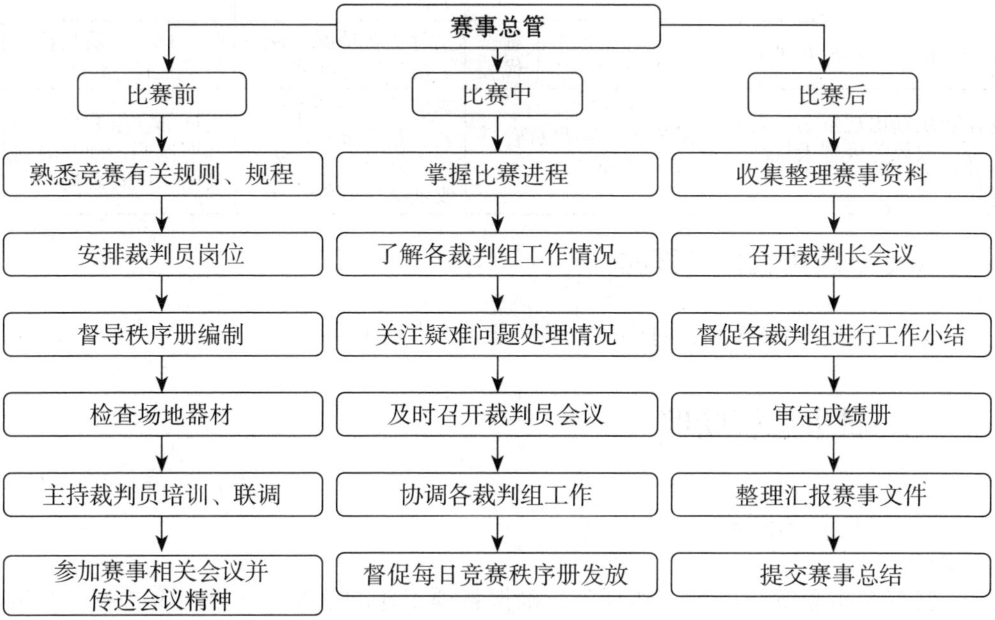

图2-3 赛事总管的工作流程

（五）工作重点与难点

1. 工作重点

（1）全面掌控比赛进程，保证比赛按时进行。

（2）协助裁判长解决疑难问题和突发事件。

2. 工作难点

（1）处理规则中未明确的相关问题。

（2）处理影响比赛进程的突发事件。

（六）应急预案

赛事总管的应急预案见表2–3。

表2–3 赛事总管的应急预案

事件描述	应对步骤	应对措施	涉及部门或人员
仪器设备故障	主裁判—裁判长—赛事总管—技术主管	技术人员到场维修，与技术代表沟通，决定是否暂停比赛	裁判长、技术主管和技术人员
裁判员突发疾病或受伤不能上场工作	裁判长—医生—赛事总管	及时了解情况，安排预备裁判员接替工作	裁判长和医生
器材损坏影响比赛进程	裁判长—技术主管—赛事总管—技术代表	及时了解情况，决定是否暂停比赛	赛事总管、裁判长、技术主管、厂家
比赛现场出现暴雨、雷雨、大风等极端天气或突然停电	裁判长—赛事总管—技术代表	赛事总管与技术代表、竞赛部协商，共同做出暂停比赛或延期比赛的决定	指挥部、组委会；如延期比赛，须及时通报国家体育总局

（七）所需物品与器材

桌子1张、椅子3把、对讲机1部、成绩查询机1台。

二、赛事总管助理

（一）工作任务

接受赛事总管分配的工作任务，确保各项工作的落实，掌握比赛进程，与裁判长协商、妥善解决比赛中的疑难问题与突发事件，保证赛事的顺利进行。

（二）岗位设置与工作职责

1. 岗位设置

根据规则和赛事规模，赛事总管助理岗位设置1～3人。

2. 工作职责

协助赛事总管管理裁判员队伍，协调现场展示、检录、发令、检查、终点等相关裁判组的工作，与裁判长共同解决比赛中的疑难问题和突发事件，保证比赛顺利进行。

（三）工作内容

1. 比赛前

（1）协助赛事总管组织各裁判组和全体裁判员学习竞赛规则、规程及相关竞赛文件，准确把握和理解赛事的相关要求。

（2）掌握比赛的相关信息和资料，了解裁判员的工作能力与执裁水平，协同裁判长明确裁判员的工作岗位与职责。

（3）督促裁判长和裁判员严格检查场地、器材和设备。

（4）组织裁判长召集裁判员和志愿者进行业务培训，明确岗位职责、工作任务与工作要求，熟悉竞赛日程的安排，制定工作方案。

（5）协助赛事总管组织各裁判组培训及实习，协助组织赛前的联调工作，制定联调工作方案，落实各裁判组联调工作，从联调中进一步明确各裁判组的工作岗位与职责，使各岗位相互协作与配合，及时发现问题、解决问题，把问题隐患消除在萌芽状态。

（6）与赛事总管及时沟通，交流赛事组织与管理事宜，确保比赛顺利进行。

（7）安排各裁判长、主裁判和相关裁判员会议，听取赛前工作情况汇报，及时解决存在的问题，与相关裁判组沟通解决问题。

2. 比赛中

（1）组织和管理全体裁判员，确保竞赛规则和规程得到贯彻与落实。

（2）协助赛事总管工作，每个单元比赛开始前组织相关裁判员入场，检查各裁判组到场情况，督促各裁判组按时执裁比赛。

（3）与展示主管保持联系，了解掌握比赛进程，对容易发生争议和有可能出现问题的项目及地点予以重点关注，妥善解决比赛中的突发事件。如遇特殊情况比赛不能正常进行时，应与赛事总管研究应急方案和工作预案。

（4）根据竞赛规则，准确处理比赛中遇到的疑难问题和规则中未明文规定的相关问题，并上报技术代表。

（5）协助赛事总管与场地管理主裁判保持密切联系，保持比赛场地的良好秩序。

（6）加强与其他裁判组的协调与合作，确保赛事的良好运转。

3. 比赛后

（1）协助赛事总管召开全体裁判员大会，听取汇报，了解情况，总结裁判员工作情况。

（2）做好各裁判组场地器材的整理与回收工作。

（四）工作流程

赛事总管助理的工作流程如图2-4所示。

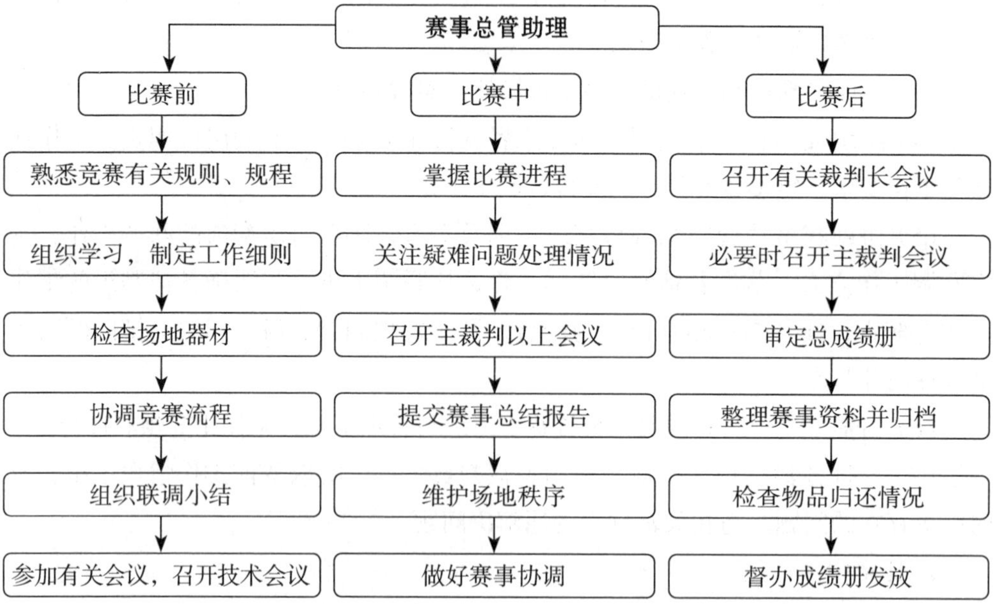

图2-4　赛事总管助理的工作流程

（五）工作重点与难点

1. 工作重点

（1）全面掌控比赛进程，保证比赛按时进行。

（2）监督、帮助裁判长解决疑难问题和突发事件，确保比赛公平、公正。

2. 工作难点

及时有效处理比赛中的疑难问题、突发事件和竞赛规则、规程中未明文规定的相关问题。

（六）应急预案

赛事总管助理的工作任务为接受赛事总管分配的工作，协助赛事总管完成工作，因此赛事总管助理的多数工作与赛事总管有交叉，故应急预案见表2-3赛事总管的应急预案即可，此处不过多阐述。

（七）所需物品与器材

桌子1张、对讲机1台、成绩查询机1台。

三、竞赛秘书组

（一）工作任务

快速、准确地收集、统计、传送和发布所有比赛信息；根据最后参赛确认信息删除不参赛运动员信息，完成运动员编排确认，汇编每日秩序册、检录单；临场处理赛中成绩，汇编次日秩序册和当日成绩册；完成奖牌统计、新纪录统计，编制总成绩册。

（二）岗位设置与工作职责

1. 岗位设置

（1）竞赛秘书1人。

（2）竞赛秘书助理1人。

（3）信息发布员2人。

（4）奖状打印员1人。

2. 工作职责

（1）竞赛秘书：比赛前负责竞赛秘书组的工作安排、人员调配，制定工作流程，接受技术代表指令，参加技术会议，调整裁判员预编排内容，审核计算机系统功能，协调有关裁判组工作，向运动队解答竞赛规程有关问题等；检查比赛期间裁判员的编排工作、审核成绩公告、审核秩序册与成绩册清样、监督计算机系统工作情况、处理突发事件等。

（2）竞赛秘书助理：负责统计团体总分、奖牌数量、新纪录成绩，核对计算机系统的团体总分和奖牌数量等。

（3）信息发布员：负责审核成绩记录表、校对计算机录入的各项成绩、发布成绩公告。

（4）奖状打印员：负责所有奖状的打印及分装。

（三）工作内容

1. 比赛前

（1）接收运动员参赛确认表。参赛确认表应以运动队为单位，在技术会议上完成运动员的确认工作。

（2）根据运动员参赛确认表情况确认每个项目的参赛人数。

（3）打印检录表、记圈表和成绩记录表等。

（4）编制比赛所需的有关表格、文件。

2. 比赛中

（1）比赛开始后，竞赛秘书组便开始赛中的编排记录公告工作。赛中的编排记录公告工作主要有接收、审核各项比赛成绩，发布成绩公告、新纪录公告，汇编当日成绩册，统计团体总分和奖牌数量，汇编总成绩，出具比赛成绩证明，打印及分装奖状等。

（2）比赛开始后，竞赛秘书组的几项工作同时开始，因此相关人员必须分工明确，各司其职，坚守岗位，善始善终，编排记录公告工作具体流程如下：

①接收、审核各项比赛成绩。比赛使用感应计时系统自动传送成绩，各组成绩经外场裁判长确认后立即生效，可以发布成绩公告。在计算机提取成绩后，必须对成绩进行审核，避免出现漏洞。

成绩审核的重点：成绩的记录是否有误；是否有创纪录成绩，如果发现有创纪录成绩，则立即通知竞赛秘书助理；运动员未完成比赛的原因、运动员判罚手续是否齐全（在成绩记录表中应该注明，不能留下空白）；名次排列是否正确；感应计时与终点手计时成绩是否一致；成绩记录员、终点主裁判、计时主裁判和技术官员的签字是否齐全等。

②发布成绩公告、新纪录公告。成绩审查校对后，立即发布该项成绩公告；如果有创纪录成绩，还需单独发布新纪录公告；成绩公告发布的份数为成绩公告板张贴1份、宣告广播1份、技术代表1～2份、赛后控制中心1份（决赛）、发奖组1份、主席台5～10份、新闻媒体20～40份、大会有关部门若干份（根据需要）；设置终端机方便有关人员调用。在竞赛秘书组内部，每个项目的成绩公告应分发给组内每位成员。

③汇编当日成绩册。按照当日团体总分、奖牌统计、当日新纪录公告汇编当日成绩册，并及时交付打印和印刷；成绩册应该按照比赛成绩发布的先后时间排列，以方便查询。

④统计团体总分和奖牌数。每项成绩公告后，竞赛秘书助理进行总分和奖牌数的累加统计，定期将统计结果与计算机系统统计的数据进行核对，及时纠正误差；团体总分和奖牌数统计结果每天公布一次。

⑤汇编总成绩册。由于总成绩册的内容较多，应该及早准备，在比赛期间可陆续汇编已经结束的项目，并给未赛的项目留出空格，定好页码后，先进行排版，排满的页码可以先行印刷等待装订。

⑥出具比赛成绩证明。当运动员要求大会提供比赛成绩证明时，竞赛秘书组应由专人（一般是主裁判）查阅成绩公告后，填写正式的比赛成绩证明表。比赛成绩证明表须由赛事总管、有关裁判长和裁判员签字后，加盖大会公章再发给运动员。

⑦打印及分发奖状。根据确认的成绩及名次，打印奖状并及时分发。

3. 比赛后

赛后竞赛秘书组的工作主要包括两个部分：

（1）最后汇编、审核总成绩册，打印清样，整理、分装、上交比赛期间的所有原始成绩记录表格。

（2）进行工作小结，清点、归还所借物品。

注意：总成绩册应在比赛结束后尽快分发到各参赛单位。

（四）工作重点与难点

（1）与感应计时和终点计时组配合，提高对竞赛成绩的处理速度。

（2）与各裁判组配合，加强联络、沟通和信息的及时反馈。

（3）与技术代表配合，尽快完成各项编排工作。

（4）加强各项数据的审核和校对工作，确保所有比赛数据的准确、快速发布。

（五）所需物品与器材

台式和笔记本电脑3台（含秘书组自带1台），电源接线板4套（每个不少于8个插头，线长不短于3米），红、蓝、黑水笔各1盒，红、蓝、黑记号笔各5支，大、中、小燕尾夹各1盒，订书机1个，订书钉1盒，别针1盒，剪刀1把，裁纸刀1把，胶水5支，裁判桌、椅若干，复印机1台，针式打印机1台（用于打印奖状），激光打印机2台，A4打印纸1箱，成绩公告牌白板1块（不小于90厘米×150厘米），8口无线路由器2台，超五类以上网线、水晶头若干，网络压线钳、测线器1套。

第三节　技术主管、场地管理裁判员

一、技术主管

（一）工作任务

按竞赛的有关规定确保所有比赛器材的使用符合国际田联和中国田协的竞赛规则要求；赛前检查场地器材和功能区布局；贯彻落实技术代表提出的技术方案；绘制功能区图、场地布置图，制定场地器材组运行流程表；按照规章制度组织和管理赛事；制定竞赛器材计划清单，完成赛事总管交办的事宜。

（二）岗位设置与工作职责

1. 岗位设置

根据赛事规模和需要，设技术主管1人。

2. 工作职责

（1）执行技术代表批准的技术组织方案，在赛事总管的领导下工作，全权负责计划、安排、调配整个场地器材组的工作。

（2）向赛事总管汇报工作情况，协调各项事宜。

（3）负责比赛场地的维护与改善工作。

（4）负责与计时计分系统供应商、电视转播机构的沟通和协调。

（三）工作内容

1. 比赛前

（1）组织学习竞赛规则及工作纪律要求，并进行分组和分工，明确裁判员岗位和职责。

（2）根据竞赛提供的物品和器材总清单，编制各裁判组物品器材需求清单。

（3）分配场地器材志愿者，指导和监督各组主裁判对本组裁判员、志愿者进行分工并培训，明确岗位职责，组织培训、实习并进行总结。

（4）根据岗位分工指导和监督各裁判组整理器材用具。

（5）指导场地组裁判员对热身场地进行布置，并提供赛前服务。

（6）收集各项目运动员人数、报名成绩、赛会纪录和全国纪录等数据，提交技术代表审核。

（7）主动与赛会转播机构联系，了解转播具体时间和要求，以及转播机位，以确保场地布置和转播工作的顺利进行。

（8）主动与器材供应商及技术保障人员联系，制定赛时供应商器材保障方案，特别要安排好喷淋站的点位和人员。

（9）将竞走比赛所需器材（包含裁判员判罚记录统计总表、白卡、红卡、红牌、黄牌、线绳、蝴蝶夹、文件袋、纸张、犯规性质红卡显示贴、罚停站记录表、罚停时间显示手牌、红卡公告显示牌、水性记号笔、板擦等）放在专用柜备查。

2. 比赛中

（1）检查比赛场地布置和器材到位情况。

（2）监督检查各裁判组提供物料的使用情况。

3. 比赛后

（1）监督比赛器材的回收。

（2）撰写比赛总结。

（四）工作重点与难点

1. 工作重点

（1）全面掌控比赛场地和器材数据清单。

（2）安排比赛电子器材检测。

（3）赛前提交赛事场地布置图。

（4）负责设计裁判员、志愿者等人员进出的场地流程。

2. 工作难点

（1）提高裁判员对规则的理解能力以及场地布置过程中的实际操作能力。

(2) 加强各组之间的沟通与协作。

(五) 应急预案

技术主管的应急预案见表2-4。

表2-4 技术主管的应急预案

事件描述	应对步骤	应对措施	涉及部门或人员
个别裁判员、志愿者缺席或未按时到岗	相关主裁判—裁判员、志愿者	强化思想认识和组织纪律要求；制定应急方案，从其他组进行调配	相关裁判组
比赛遭遇极端天气	技术主管—各裁判组	搭建雨具及雨篷，加固防风绳及配重等	相关裁判组
赛时与赛会各组联系不畅	技术主管—竞赛相关官员—各裁判组主裁判	统一对讲机频率，制定联系不畅时的应急方案	竞赛相关官员、裁判长、主裁判
电子器材等损坏	器材组—场地组	场地组进行维修或更换	场地器材组

(六) 所需物品与器材

办公桌1张、椅子1把、签字笔1支、对讲机1部。

二、场地管理裁判员

(一) 工作任务

维持场内良好秩序，保证竞赛安全顺利进行。对比赛场地拥有管辖权，维持赛场内竞赛的正常运行，除相关工作人员和已被招集参赛的运动员外，绝不允许其他任何人员进入或停留在比赛场地内。

(二) 岗位设置与工作职责

1. 岗位设置

主裁判1～3人，裁判员3～6人，志愿者和安保人员若干。

2. 工作职责

(1) 主裁判。

①负责赛场秩序的维护。对比赛场地拥有管辖权，除有关工作人员和已被召

集参赛的运动员外，不允许其他任何人员进入或停留在比赛场地内。

②领导裁判组工作，分配裁判员的岗位及任务，制定裁判员工作细则。

③安排裁判员分别负责赛场入口处和比赛区域的工作。

④熟悉比赛场地布局以及人员流通的情况，根据竞赛日程，合理分配场地管理员。

⑤组织裁判组学习有关场地管理的规定及相关的竞赛规则。

⑥熟悉每单元比赛的热点人物或明星，对比赛中可能出现的情况做好应急预案。

⑦组织裁判员按比赛分工及裁判员工作流程进行实习，熟悉裁判员工作期间各环节的衔接与配合，提出预案和解决问题的方法。

⑧每单元比赛结束后进行总结。

（2）裁判员。

①在主裁判带领下，认真学习有关竞赛规则和工作细则。

②服从主裁判的安排，熟悉所分配的工作和管理的区域，保证自己管理区域内记者等各类人员只在各自区域内工作，确保所有人员都不影响比赛的顺利进行，防范意外事件发生。

③与赛后控制中心裁判组协调配合，合理地进行管理工作。

④在管理中讲究工作方法，语言文明、态度和蔼、服务热情、执法公正。

⑤每单元比赛结束后进行总结。

（3）志愿者和安保人员。

①熟悉竞走比赛各类人员发放的证件及其通行区域，明确允许进入比赛场地的各类人员。

②按场地管理要求把好进入比赛场地的各通道口，坚决杜绝任何无证、无关人员进入比赛场地。

（三）工作内容

1. 比赛前

（1）主裁判带领全体裁判员认真学习竞赛规则、规程和工作方法。

（2）熟悉竞走比赛场地和设施。

（3）熟悉竞走比赛各类人员发放的证件及其通行区域，明确允许进入场地的各类人员。允许进入比赛场地的人员包括：与比赛有关的官员、裁判员，正在比赛的运动员，按规定可以进入场地的摄像与记者，有关的志愿者，器材保障人员等。除此以外，不允许其他任何人员进入或停留在比赛场地内。

（4）分配每单元比赛场地管理员的工作任务，明确工作区域。

（5）对每单元比赛的重点项目和重点运动员进行分析，预计可能出现的场地情况，并制定疏散预案，保持赛场的秩序。

（6）做好与相关裁判组的协调和联系工作。

（7）统一裁判员之间的联络方式。

（8）讲究工作艺术、语言文明、举止大方、态度和蔼、服务热情、执法坚决。

2. 比赛中

（1）全体裁判员赛前60分钟到达场地，对竞走比赛的所有无关人员进行清场。

（2）明确不同工作人员的证件类型以及工作位置和范围。根据竞赛日程，严格、准确核对进入场地的各类人员的证件、服装、号码布和广告标志等。督促无比赛任务的裁判员和无内场证件的记者等人员离开场地或到指定的区域观看比赛。

（3）杜绝任何无证、无关人员进入比赛场地，如果在场地内发现此类人员，则坚决予以清退，如说服无效，则及时通知安保部门，予以强行清退。

（4）对于不听从管理或离开自己工作区域的记者和其他工作人员，及时制止，令其回到各自的工作区域，如说服无效，则通知安保部门，强行清退，并记录事件经过上报有关单位。

（5）根据有关“没有工作任务的裁判员和结束比赛的运动员不得滞留比赛场地”的规定，说服裁判员和运动员迅速离开比赛场地。

（6）颁奖时，疏导新闻媒体人员，维持好颁奖区域的秩序。

（7）对于退赛、被罚下的运动员，要求他们立即退场并由场地管理人员移交给赛后控制中心裁判员带出；对于即将到达终点的运动员，注意临近终点区域是否有媒体及其他人员进入终点摄像区域。

（8）引导媒体工作人员出入场走规定的通道。

（9）比赛结束后引导和督促运动员有序地接受记者采访，维持赛场的秩序。

（10）有运动员展示与赛事无关的标语、口号时，及时、果断处理，防止事态扩大。

（11）出现突发情况时，及时与主裁判联系，主裁判无法解决时应及时与相关官员进行沟通，迅速处理事件，避免事态扩大。赛场上可能随时发生各种情况，赛场管理裁判员自始至终不但要有高度的责任心、荣誉感，还要专心致志，密切注视赛场动态，遇到问题要镇静、果断、迅速地加以解决，并防止事态扩大，以保证比赛不受影响，或者把影响降到最低。

（12）严密注意赛场的情况，特别要提醒相关人员在比赛场地内注意安全。

3. 比赛后

（1）监督结束比赛的各裁判组场地、器材是否整洁、有序。

（2）总结本单元比赛工作情况，及时调整方案。

（3）根据比赛任务，布置下一单元比赛工作的重点和人员分配。

（四）工作流程

场地管理裁判员的工作流程如图2-5所示。

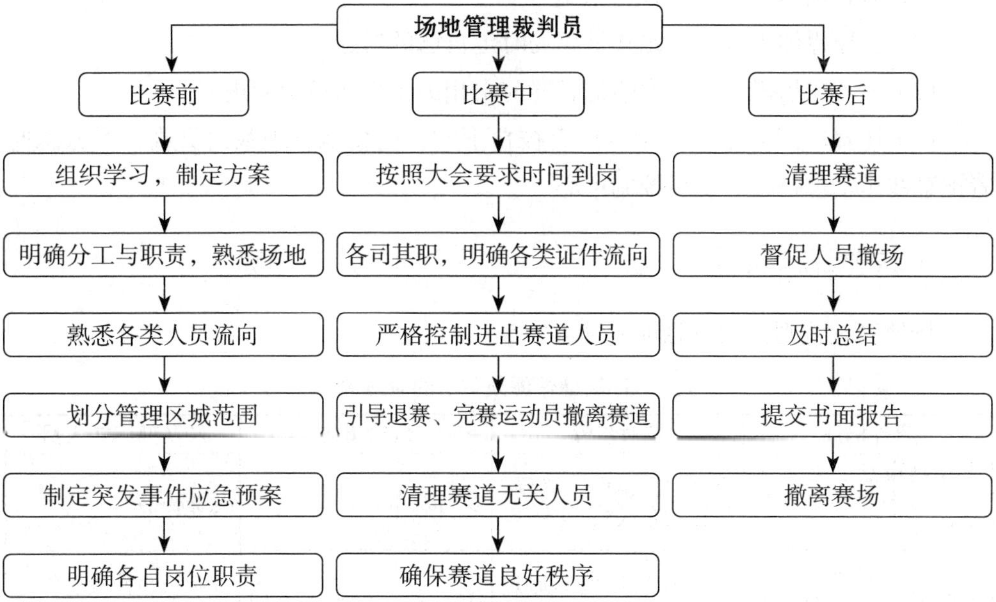

图2-5 场地管理裁判员的工作流程

（五）工作重点与难点

1. 工作重点

（1）发现无关人员在比赛场地内时，立即要求他们离开。

（2）妥善处理违反体育道德的行为和事件。

（3）根据裁判工作条例有关“没有工作任务的裁判员和结束比赛的运动员不得滞留比赛场地”的规定，说服无关裁判员和运动员迅速离开比赛场地。

（4）运动员即将到达终点时，注意是否有媒体以及其他人员进入“无人区域”。

2. 工作难点

（1）区分不同工作人员的证件类型以及工作位置和范围，这些工作人员包括：

①摄影、摄像等各类新闻媒体人员；

②各组裁判员和裁判长、官员等；

③比赛计时系统、器材保障人员等。

（2）引导媒体出入场，尤其是离场时走自己的通道。

（3）进入内场摄影、摄像的记者赛前由相关工作人员引领进入。

（4）比赛时遇到运动员中退或者被罚下时，由场地管理裁判员或者委派志愿者把这些运动员护送到赛后控制中心。

（六）应急预案

场地管理裁判员的应急预案见表2–5。

表2–5　场地管理裁判员的应急预案

事件描述	应对步骤	应对措施	涉及部门或人员
比赛结束后，多人多单位多次询问该项目比赛结果	有关人员耐心解释，尽快发布成绩	及时发布有关成绩	竞赛秘书处
某运动员/队对比赛结果有异议，申诉人或申诉单位个别人员情绪激动	有关裁判长提醒通过正常程序申诉，维护申诉秩序	做好有关规则等方面的解释工作	裁判长、仲裁录像裁判组、仲裁委员会、保安
对参赛资格有异议	主裁判与竞赛秘书对相关信息进行确认，及时将确认信息反馈给参赛队	认真核对参赛队员信息，了解各队队员参赛情况	各参赛队、竞赛秘书处

续表

事件描述	应对步骤	应对措施	涉及部门或人员
未能完全满足咨询者要求	主裁判向有关部门汇报，再回答咨询者的问题	及时了解有关情况	相关裁判长
比赛进行中电子设备器材出现临时故障	主裁判及时跟竞赛部联系，组织维修并保留信息资料	加强器材管理，责任到人；建议有关部门准备备用器材	竞赛委员会
比赛进行中所需各类表格短缺	主裁判及时联系表格发放部门	准备足够数量的表格	各表格发放部门

（七）所需物品与器材

对讲机2部，桌子2张，椅子4把，打印机、针式打印机、电脑各1台，A4纸1箱。

第四节　展示主管、宣告员

一、展示主管

（一）赛事展示流程及相关问题

1. 前期准备

进行赛程分析，制作脚本，收集运动员的赛事资料、素材等。

2. 比赛前

进行脚本的制定和演练，内部模拟并与竞赛系统配合联调。

3. 比赛中

（1）原则上所有的比赛程序都应以比赛时间为准，掌握好比赛进程。

（2）成绩及时上屏、宣告，不漏一个亮点。

（3）各岗位协调配合，随机应变。

4. 比赛后

（1）整理工作场地，清点物品。

（2）每单元比赛结束后，认真小结，并布置落实下一单元比赛的工作任务。

（3）全部比赛结束后，由主裁判撰写工作总结上交赛事总管。

5. 工作难点

（1）灵活执行脚本，临场应变。

（2）认真观察场上情况，抓住精彩瞬间。

（3）增强全局掌控能力，营造赛场解说气氛。

（4）播音员用词恰当，避免用电视解说或节目主持的方式进行播报。

6. 工作重点

（1）应掌握的知识：

①对竞走历史和竞走知识的了解；

②对竞走运动的理解；

③对竞赛的认知；

④对优秀运动员的了解。

（2）应避免的问题：

①过多地进行主观评论，尤其是对运动员技战术的评论；

②不以自己的情绪为出发点；

③用语过长，错过亮点；

④套用电视体育评论员解说模式。

（3）应做到的事项：

①零失误，出现问题及时纠正，重播一次；

②设备备份，如出现问题应及时更换，努力做到无缝衔接；

③系统畅通，所有工作配合竞赛，服从指挥；

④及时补台，出现意外时要有预案，化险为夷。

（二）人员配置

男女播音员各1名、调音师1名、音响师1名、观察联络员1名。

（三）所需物品与器材

音响设备1套、话筒2个、电池若干、桌子2张、椅子2把、雨棚2个、彩笔1支、签字笔6支、A4纸张若干、对讲机1部。

二、宣告员

（一）工作任务

在展示主管的领导下，按照展示计划，通过广播系统，准确播报比赛内容，让观众了解赛事进程，提升观赛体验。

（二）岗位设置与工作职责

1. 岗位设置

根据赛事规模和需要，设宣告员1～2人。

2. 工作职责

（1）在展示主管的领导下，按照展示计划，并参考相关资料，通过广播系统播报比赛内容。

（2）赛前通过学习竞赛规程等，充实理论基础。

（3）赛前准备赛事、运动员信息等资料，熟悉秩序册，保证信息准确无误。

（4）在展示主管的指挥下，介绍运动项目和运动员。

（5）发布当日赛程等信息。

（6）赛中根据展示主管的安排，依据展示计划、秩序册或检录单，负责与大屏幕视频配合，通过现场广播，准确、清晰地展示项目信息、运动员信息。

（7）负责播报场上赛事局势状态，依据大屏幕信息及时播报运动员比赛成绩。

（8）负责主持颁奖仪式。

（9）完成展示主管及展示计划要求的其他播报内容。

（三）工作内容

1. 比赛前

（1）通过官方发布的信息，了解赛事相关信息。

（2）依据赛事项目，全面了解竞赛有关规则等内容。

（3）与展示主管沟通，确定展示计划，以及裁判员入场、赞助商信息等展示内容。

（4）根据秩序册，熟悉运动员姓名，准确辨析生僻字或多音字的正确发音。

（5）确定秩序册上的赛事编排是否与分秩序册有不同之处，以最新版秩序册为准。

（6）确认宣告位置与音控沟通，测试广播设备。

（7）确认现场大屏幕是否投入使用，如投入使用，确认大屏幕应展示的信息内容。

（8）熟悉检录处、竞赛秘书处等的位置，以便快速到达。

（9）参加赛前实习和联调。

2. 比赛中

（1）按照展示主管要求时间准时到达工作岗位，每个单元比赛到岗时均要测试广播设备。

（2）与音控台确认麦克风是否开启，且非异常音控台不关闭麦克风音量，麦克风开关控制由宣告员操作，保证可以随时宣告，不需要音控台操作人员参与。

（3）在每单元比赛开始前，按照赛事信息播报赛事组别项目、竞赛日程、天气状况等信息。

（4）如有需要，与展示主管确认赞助商信息的播报。

（5）按照展示主管的安排和计划，引导裁判员入场。

（6）比赛开始前，按照展示主管发出的信号，在引导乐结束后宣告项目信息。在宣告前由展示主管进行复核，播报运动员内容以电脑赛事系统为准。

（7）在比赛中对赛事进程进行播报，如领先状况等。赛中尤其需要关注比赛进程，并尽量记录成绩信息。

（8）展示结束至发枪后2秒内，保持场内静音，确认运动员成功出发后再播放音乐。

（9）运动员冲线后，依据场内时钟，第一时间播报运动员冲线的参考成绩。

（10）在运动员撞线后播放音乐不是必要的，可能会降低比赛结束时运动员的兴奋度，因此宣告员需用言语提升现场兴奋度。

（11）比赛结束后，如果大屏幕有回放，则持续关注并解说，创纪录等信息须核实后播报。

（12）按展示计划或展示主管安排进入颁奖主持岗位，主持颁奖仪式，通过对讲机沟通其举行的时间节点。

（13）每一单元比赛结束后进行结束提示，按展示主管指令宣告时间，并提示下一单元比赛时间及主要比赛内容，感谢观众并邀请观众继续关注下一单元比赛。

3. 比赛后

（1）将麦克风及时交还音控台。

（2）整理检录单等现场赛事资料。

（3）宣告员与展示主管进行交流总结，同时记录，并考虑改善计划。

（四）工作流程

宣告员的工作流程如图2-6所示。

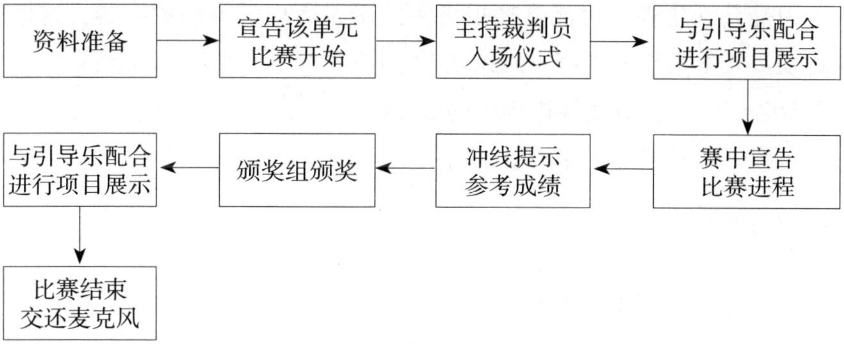

图2-6 宣告员的工作流程

（五）工作重点与难点

1. 工作重点

（1）确保赛事按照编排时间或展示主管的安排进行，协助展示主管把控比赛时间节奏。

（2）确保宣告的运动员及赛事信息准确，发音清晰。

（3）确保音乐的合理性和版权清晰，并保证音乐的播放时段及音量不影响场内赛事和工作。

（4）确保展示的效果，提升展示仪式感，吸引观众视线。

（5）非必要不介绍不可能在赛中打破的纪录，如果存在打破的可能，可以重点介绍和提示。

（6）通过资料及现场播报赛事，使观众了解场上重点，提升观赛品质。

（7）与大屏幕控制配合，及时关注和反映大屏幕信息内容。

（8）与直播信号保持联系，保证在介绍运动员时与直播信号同步，获得运动员的展示反馈。

（9）由于竞走裁判员需做出独立裁决，宣告员不得宣告红卡显示牌（屏）上的内容。

（10）注意渲染颁奖仪式的氛围。

2. 工作难点

（1）因距离以及突遇集中上传成绩，可能无法及时宣告大屏幕信息。

（2）及时捕捉精彩信息并传达给观众。

（3）赛中因服装遮挡、小号码掉落等原因，无法看清或看错运动员号码。

（4）为提升娱乐性，可能会播报更多技术、历史等方面的内容，这极有可能导致对运动员技术动作的讲解不到位或者错误。

（5）及时记录或获取比赛进程中的成绩信息。

（6）与颁奖仪式主要工作的紧密衔接。

（六）应急预案

宣告员的应急预案见表2-6。

表2-6 宣告员的应急预案

事件描述	应对步骤	应对措施	涉及部门
广播设备故障	展示主管—发令等裁判组—音控组	如遇设备故障无法宣告，迅速上报展示主管，由展示主管通知发令等裁判组，执行正常比赛程序，待设备恢复后再使用广播系统	发令等裁判组、音控组
麦克风故障	音控组	由音控台及时提供备用设备，这要求音控台必须备有正常使用数量一倍的麦克风	音控组
颁奖麦克风信号丢失	展示主管—音控组	遇颁奖时信号丢失等情况，通知音控台，调整天线等设备；如果正在颁奖，则颁奖继续，如果还未颁奖，则暂停颁奖	音控组
麦克风被抢夺或发出无关信息和声音	音控组—安保组—展示主管	如遇麦克风被抢夺、设备干扰等情况应第一时间切断音频，关闭音量；安保及现场人员制止无关行为，并通知展示主管进行处理	音控组、安保组

（七）所需物品与器材

大会音响1套、麦克风2个、电池若干、对讲机2部、望远镜1个、A4纸若干、手提电脑1台。

第五节　检录裁判组、赛后控制组

一、检录裁判组

（一）工作任务

1. 检录裁判长及主裁判

组织领导全体检录裁判员学习竞赛规程和规则、技术会议内容，熟悉比赛场地，认真安排好比赛的时间节点，明确分工，熟悉各自工作任务和职责。

2. 检录裁判员

按时召集运动员到第一检录处检录，按照规则规定，对运动员做好各项检查工作，按时将运动员指引到第二检录处的相应检录间，对运动员进行“二检”，即对运动员进行核对，通过人脸识别系统进行检录，收取运动员的注册卡，选择合理路线将运动员准时安全地带到比赛场地。

将收取的注册卡妥善保管（转交赛后控制中心），等待运动员比赛结束到赛后控制中心取回。

（二）岗位设置与工作职责

1. 岗位设置

检录裁判长2人、检录主裁判2人、检录裁判员3人、志愿者20人。

主要分工如下：

广播员1人（一检）、入口检查裁判员1人（包括检查运动员芯片的工作，收取运动员的注册卡）、人脸识别管理员2人（加2名志愿者）、检录裁判员1人（加6名志愿者）、物品管理裁判员1人（加6名志愿者）、引导志愿者2人（还需要负责引导牌管理）、辅助志愿者4人。

检录工作结束后，所有裁判员和志愿者转入赛后控制中心工作，认真配合赛后控制中心裁判员工作；等待比赛成绩出来后，认真组织获奖运动员的颁奖仪式；配合兴奋剂检测中心的工作人员对需要检测的运动员做好检测工作；还要配合新闻媒体对运动员的采访工作，并且做好运动员撤离的疏散工作。

2. 工作职责

（1）检录裁判长。

裁判长A：全面负责检录工作，以及裁判员的分组和分工；负责与热身场地、技术信息中心、竞赛秘书处和赛后控制中心的联系与工作对接；解决未尽事宜；负责提取检录单、制定检录时间流程表、分配每单元比赛检录任务；指导广播、物品保管、入口及“一检”工作；持续观察、监督各组工作。

裁判长B：主要工作区域在“二检”，负责掌控带运动员进入比赛场地的时间，监控运动员“离场确认”，确保运动员准时到达比赛场地；统计检录有关数据资料；将检录信息及时上报竞赛秘书处，赛前领取秩序册，准备各种表格，掌握每单元比赛工作进程，负责领取和归还器材物品。

（2）检录主裁判。

主裁判A：主要工作区域在“一检”，比赛中主要负责第一检录处的检录工作，并负责引导员（志愿者）的安排；准确掌握检录开始时间、结束时间，登记每组带出“一检”的时间。

主裁判B：主要工作区域在“二检”，负责管理“二检”裁判员在各检录区域的工作；检查入场前的准备情况，注意监控运动员在“二检”处准备活动的安全；及时督导与处理各检录组的检录事宜，不能解决时及时请示裁判长；按时召集运动员集合准备入场；监控各组运动员的离场确认；登记每组带出“二检”的时间。

（3）检录裁判员。

在“二检”入口处，检查注册卡、进行人脸识别，确保无关人员不进入场地。允许进入人员包括大会技术官员、仲裁委员会、裁判长和有关裁判员、有关工作人员及正在进行检录的运动员。

“二检”分别设立3个检录组。运动员按比赛项目、人数进入各自的检录室，检录裁判员对运动员进行逐项检查（再次核对注册卡，检查参赛服、号码、芯片及随身物品）；将“违禁”物品装袋，检录裁判员填写物品保管收据和物品签收单

(一式两份)，运动员签名后自己留存“物品签收单”一份，另一份装袋并封口；将暂存物品交给物品管理员，一切工作就绪后将运动员的注册卡、“违禁”物品及衣物转交赛后控制中心裁判员，办理好相关交接手续；运动员检录全部结束后，按时将运动员按照规定的路线带入比赛场地，配合起点裁判员按照出发顺序表组织运动员排队上道准备比赛。

(4) 赛后工作。

①及时接收由场地管理裁判员引导的退赛、被判罚出场的运动员，并引导其进入赛后控制中心，及时疏散比赛结束的运动员离开赛后控制中心。

②比赛成绩出来以后，将获奖运动员引导至颁奖处，准备颁奖。

③了解兴奋剂检测中心的位置，积极配合兴奋剂检测中心的工作人员做好运动员的抽查检测工作。

④组织配合新闻媒体对运动员的采访工作。

⑤比赛前配合检录组工作人员做好检录工作，检录结束后检录组的所有工作人员转入赛后工作，积极配合赛后控制中心裁判员做好相关工作。

(三) 赛后整理小结

(1) 一个单元比赛结束前，裁判长及时通知下一单元比赛的到场时间。

(2) 整理内务，全组进行工作小结。

(3) 做好下一单元比赛检录工作的准备，注意做好器材物品的保管工作，防止丢失。

二、赛后控制组

(一) 工作任务

在赛事总管的领导下，与场地管理裁判员沟通协调，及时有序地接管、引导离开赛道的完赛运动员退场，保证赛场的良好秩序；及时归还运动员衣物、证件等物品；引领获奖运动员至颁奖处，协助兴奋剂检测中心及新闻中心做好相关运动员的管理工作。

（二）岗位设置与工作职责

1. 岗位设置

主裁判2人，裁判员2人，志愿者30人。

2. 工作职责

（1）主裁判分工。

①主裁判A：负责赛后控制中心的全面工作；从起点将运动员衣物、证件等送到赛后控制中心；赛前落实裁判员的分工，检查布置有关设施器材摆放。

②主裁判B：接受引导离开赛道的运动员通过混合区进入赛后控制中心；负责有关颁奖组、兴奋剂检测中心、新闻中心、医务站、指挥中心等的协调工作；维持好赛后秩序，处理发生的问题。

（2）志愿者分工。

①终点管理组（10名志愿者）：及时引导退场运动员到赛后控制中心。

②衣物运送组（10名志愿者）：将参赛运动员衣物、证件移交到赛后控制中心。

③物品归还组（5名志愿者）：接收运动员衣物、证件，并于赛后归还运动员。

④服务管理组（5名志愿者）：负责召集和控制参加颁奖、新闻发布会及兴奋剂检测的运动员，并负责将其移交给相关工作人员。

（三）工作内容

1. 比赛前

（1）主裁判组织全体人员学习田径规则和竞赛规程及赛后工作要求，明确各自的岗位职责和任务，做到定岗定人，制定突发事件的应急预案及处理方法，按工作细则进行分组实习和联调。

（2）各组按照工作细则进行演练、总结、改进。

（3）在赛后控制中心附近张贴必要的标识，如路标（入口、出口）、物品归还处、男/女运动员休息室、饮水处等。检查所需器材用品，并了解竞赛秘书组、发奖组、兴奋剂检测中心、新闻中心、医务站等所在的位置。

（4）与医疗组协商在赛后控制中心的运动员出现伤病时的应急处理方法。

2. 比赛中

（1）按时到岗，做好准备。

（2）各组按照分工做好工作，如出现意外情况立即报告。

（3）进入赛后控制中心的运动员凭签收单顺序号或号码布领取个人衣物、证件等，核实获奖运动员和需进行兴奋剂检测的有关运动员名单。

（4）及时收回运动员佩戴的计时芯片。

（5）终点管理裁判员位于终点前赛道外侧，引导离开赛道的运动员通过混合区到赛后控制中心；当优胜运动员绕场时应有1位裁判员等候结束，并马上引导其至赛后控制中心。

（6）当运动员进入赛后控制中心后，依据成绩公告，核实并控制获奖运动员和需要接受兴奋剂检测的有关运动员，督促无关运动员离开赛后控制中心。

3. 比赛后

（1）整理赛后控制中心的工作场地，清点物品，如发现有运动员遗留物品，立即送交大会有关部门。

（2）每单元比赛结束后，认真小结，并布置落实下一单元比赛的工作任务。

（3）清点归还所借用物品及器材。

（4）全部比赛结束后，由主裁判撰写工作总结上交赛事总管。

（四）所需物品与器材

裁判桌、椅子、长条凳若干，对讲机3部，手提喇叭2个，衣物筐若干，屏风4个，垃圾桶、垃圾袋若干，计算机终端1台，打印机1台，矿泉水若干。

第六节　外场裁判组

公路竞走比赛同田径场内的竞走比赛各裁判组配置、使用存在区别。本节的各裁判组统一由外场裁判长领导。其功能有兼职转换，如检录结束后裁判员会转到赛后控制中心或其他部门工作，公路竞走比赛裁判员的工作任务不像田径场内的竞走比赛裁判员的工作任务那么单一。本节将对外场裁判长及主裁判、发令员、记圈组、感应计时组、用水/饮水站及饮料站、检查组逐一进行介绍。

检查报告表

一、外场裁判长及主裁判

（一）工作任务

在赛事总管的领导下，执行竞赛规程、工作指南和规则第230条的规定；负责起终点组、发令员、计时组、检查组、用水/饮水站、饮料站、罚停站、大屏显示管理等外场的裁判工作，保证比赛项目按规则和规程规定正常进行。

（二）岗位设置、人员分工与工作职责

1. 岗位设置

外场裁判长1人，起点主裁判2人，终点主裁判2人，发令员1人，赛道检查主裁判2人，计时主裁判2人，用水/饮水站、饮料站主裁判2人，罚停区主裁判1人。

2. 人员分工

（1）外场裁判长。

组织协调起终点（起点、手工计时、终点）、发令、终点摄影计时、比赛终端操作员的工作，审核成绩，积极与检录裁判长配合做好比赛前工作。做好起终点组、发令组、检查组、用水/饮水站、饮料站、罚停区的工作，处理运动员的非竞走技术方面的犯规问题。

（2）起点主裁判。

起点主裁判由检录主裁判兼任，负责组织运动员的起跑秩序。

（3）终点主裁判。

负责运动员的名次、成绩判定，运动员比赛圈数统计，与终点摄影计时员、大屏终端操作员协调确定运动员犯规情况，并及时与终点主裁判沟通确定运动员的名次和成绩。协调赛后控制中心做好比赛后的运动员管理工作。

（4）发令员。

发令员是运动员的全权支配者，是负责比赛起跑相关的所有事宜的裁判员。根据竞赛日程安排的时间，发令员负责组织运动员准时进行比赛。在比赛中应使运动员在规则规定、机会均等的情况下合理起跑。

（5）赛道检查主裁判。

负责比赛终点线前后两段赛道的检查工作，保证赛道符合规则要求；处理比赛过程中有关非竞走技术的比赛问题；监督有关裁判员或志愿者第一时间把竞走裁判

员判罚卡送交大屏操作员；协调场地器材组按规则要求布置赛道，合理摆放比赛标志物和附属产品（广告牌等）；及时清理无关人员与物品，保证赛道安全和畅通。

（6）计时主裁判。

组织做好比赛手工计时和芯片计时的管理，管理好运动员比赛成绩，协调终点组做好运动员成绩确认，保管好比赛成绩。

（7）用水/饮水站、饮料站主裁判。

组织管理大会用水/饮水站、饮料站和自备饮料站的全体裁判员和志愿者，按照规则和规程的规定，做好各站点的布置，及时准确地为运动员提供饮水、饮料、食品，确保比赛顺利进行；巡视检查各用水/饮水站、饮料站是否按要求合理摆放饮水、饮料，用水/饮水站、食品补给站的秩序是否井然有序、整洁卫生；及时协调解决用水/饮水站、自备饮料站出现的问题；赛后做好器材设备的归还工作。

（8）罚停区主裁判。

组织管理好罚停区的工作，按照规则和指南要求合理布置罚停区，掌握正确方法，正确指挥被罚运动员按时进、出罚停区。

3. 工作职责

（1）领导外场裁判组的裁判员学习与实习，组织和实施外场比赛项目的全部裁判工作。认真执行规则和规程的各项规定，保证比赛符合田径竞赛规则、竞赛规程和工作指南提出的有关规定和要求。

（2）通晓比赛全过程的裁判工作，做到分工明确，要求外场各个裁判组制定工作细则和具体要求。

（3）处理发生于比赛期间的以及规则未作明文规定的任何问题。

（4）处理各主裁判提出的问题。遇到重大事项与难以解决的问题，应及时向赛事总管报告。

（5）组织主裁判和有关裁判员检查比赛路线上的各项设施、器材用具的准备情况，了解路面状况，勘察、复核路线及距离，特别是项目变化和场地更换（大小圈的变化），了解线路周围工作环境并进行现场实习，熟悉裁判器材性能。

（6）协调好与各方面的关系，包括与有关裁判组的协调和配合、与公安交管部门的协调和联络、与场地器材组的协调和联系等。

（7）对相关比赛进行中提出的抗议或异议作出裁决。

（8）有权对有不正当行为（非竞走技术方面的）的运动员提出警告或取消其比赛资格。

（9）做好赛后总结工作。

（三）工作内容

1. 比赛前

（1）根据大会及赛事总管的安排，认真组织所负责的裁判组的学习和实习；参加赛事总管召集的裁判长、主裁判会议，熟悉比赛规程、项目设置、运动员水平、场地器材准备、裁判员组成和水平等情况。

（2）领导各裁判组检查各自的场地、器材和设备，根据各组“需用器材及用品的清单”核实检查；协助场地器材组做好赛道布置，特别是各个功能区和罚停区的设置与布置。

（3）带领电子设备裁判员熟悉掌握各种电子设备，确保电子设备准确无误。

（4）召开主裁判会议，研究、落实具体的学习与实习等工作计划。

（5）组织和领导各裁判组进行现场实习。

（6）设想比赛中可能发生的各种问题并制定解决问题的方案，让各相关裁判组在赛前做好一切防范措施，如雨天各种电子设备的防雨操作，号码布和芯片的佩戴方式，运动员违反体育道德或有不正当的行为，以及运动员不认真参赛等的处理办法。

（7）制定雨天的应急方案，使雨天裁判工作能有序、顺利进行。

（8）在技术会议前，向赛事总管提供外场裁判员宣布事项的书面材料，如各项运动员的进场路线、犯规罚下运动员的离场方法、如何与检录组和赛后控制中心协调比赛等，并及时向全体裁判员传达技术会议有关外场比赛的要求和规定。

（9）督促做好赛前运动员自备饮料的检查和保管工作。

2. 比赛中

（1）每一单元比赛前按大会规定的时间、地点集合，检查各组裁判员人数，简要提示各组裁判员在本单元比赛中的工作要点、难点及注意事项，并与现场指挥联系，准备进场和展示。

（2）裁判员进场后，按竞赛日程的项目要求检查各组裁判员的工作，如电子设备运行与各种器材的摆放情况、赛道的变化、功能点的设置及布置等，以保证按时发令。

（3）比赛开始后，与现场指挥配合，掌握好比赛的进程，按时比赛。

（4）要掌握第一手资料，为了处理好比赛中可能出现的问题，注意观察每组运动员比赛的全过程。

（5）出现犯规情况（非竞走技术犯规）时，亲临犯规区域，查看现场和检查报告单，必要时询问该区域的检查员，认定犯规情节后，按规则精神，慎重、果断地判罚。

（6）比赛中有权对有不正当行为的运动员提出警告或取消其比赛资格。给予运动员警告，应向运动员出示黄牌；取消其比赛资格，应出示红牌。这两种处分均应填入成绩记录卡。

3. 比赛后

（1）每一单元比赛结束后，及时向各裁判组了解情况，如发现问题及时提出解决办法。

（2）归还各种器材和电子设备。

（3）汇总各组小结，撰写外场裁判工作总结，并上报赛事总管。

（四）工作流程

外场裁判长及主裁判的工作流程如图2-7所示。

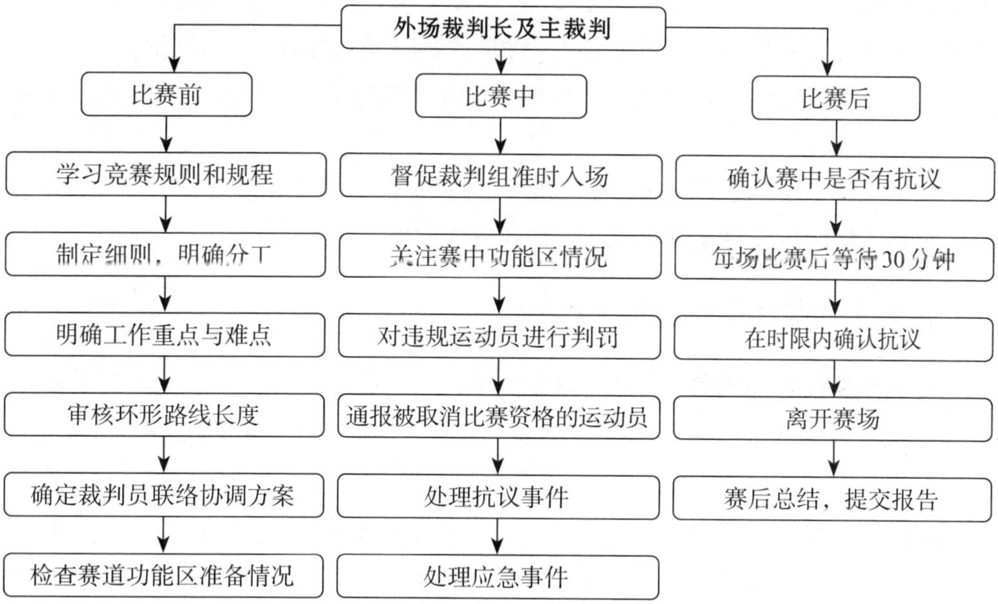

图2-7 外场裁判长及主裁判的工作流程

（五）工作重点与难点

1. 工作重点

督促检查外场各裁判组的工作，做好竞走裁判员判罚卡的及时传送、犯规显示屏的上屏及信息统计上报、运动员成绩和名次的确认、赛道布置和管理、各功能站点和罚停区的管理，保证比赛准时开始与正常进行。

2. 工作难点

执行竞赛规则和规程的各项规定，处理发生于比赛期间的以及规则未作明文规定的任何问题，特别是起点准时发令、终点名次确认以及成绩处理与管理，罚下运动员转送及信息报送，自备饮料站人员的管理，赛道的变化和器材设备性能的确认。

（六）协调与配合

（1）与检录组协调与配合，保证参赛运动员按时进入比赛场地进行赛前准备、现场展示，准时发令比赛。

（2）与赛后控制中心协调与配合，及时将完赛运动员转交给赛后控制中心，对运动员进行赛后控制，特别是前几名获奖运动员，使整个比赛有序进行。

（3）与公安交管部门协调与配合，保证比赛路线全封闭，确保赛道安全。

（4）与新闻媒体协调与配合，按照大会要求有序采访、拍照，保证比赛有序进行。

（5）与环卫部门协调与配合，及时清理参赛运动员及观众抛弃的垃圾，保证赛道整洁，按时打开移动厕所门，保持其清洁卫生。

（七）所需物品与器材

比赛线路往返隔离墩（或盆装花卉）若干，按规则要求每4米放置1个隔离墩，隔离墩的摆放形成一个环形的竞走场地，最好1个隔离墩之间摆放2～3盆花卉；比赛线路2个折返点的往返标志物；2个可显示比赛时间的电子显示牌，放置在较醒目的位置，供运动员在比赛中参考时间；竞走犯规显示牌（电子显示屏），电源连线设备，包括接线板，电源线要长（需考虑雨天防水措施）；联络员使用的交通工具（电动自行车12辆）；用水/饮水站、饮料站设备与物资（每队需准备长条桌和队名识别标志）；道路引导标记（用水、供水、卫生间、起点、终点等）；移动厕所6座；竞走裁判员用品，如裁判员使用的通信工具（对讲机20台）；电瓶车12辆（同一品牌、同一款式，有大会贴标）。

二、发令员

（一）主要职责

按照赛会要求，依据大会竞赛日程确保各项比赛准时发令；严格按照规则第162、230条执行；认真组织好运动员起跑，坚决杜绝起跑抢跑犯规行为；发令口令为“各就位，鸣枪”。

（二）人员配置

发令员1人（发令时，有2名裁判员协助），志愿者4人（最好是礼仪专业的女生，形象气质好），主要负责起点拉控制带、举倒计时牌（图2–8），发令后转入赛后控制中心工作。

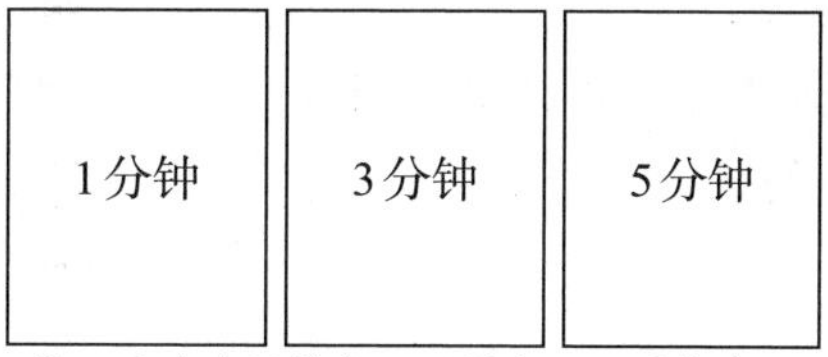

注：尺寸为80厘米×60厘米，双面印字。

图2–8 倒计时牌

（三）工作内容

比赛前认真学习竞赛规程和规则以及大会有关规定；做好工作流程和预案，明确任务、制定工作方法；进行岗位实习，培训志愿者，反复演练，备好所需器材；比赛前1小时到岗，为防止出发运动员拥挤，将花盆或隔离墩移向一侧，待运动员出发后再移回原位，严格按照所制定的方案认真执裁。

按照竞赛日程的比赛时间，提前10分钟接收由检录裁判员带入赛道的运动员；检查运动员的服装、号码、芯片等是否符合赛事要求；比赛开始5分钟前将运动员集合在起跑线后按照比赛规定站位（按照起跑顺序表将运动员组织完毕）；由本项目竞走主裁判给运动员讲解注意事项。

了解计时、记圈、终点等裁判组准备情况，整体准备工作就绪后，向赛事总管和展示主管报告，起点组准备完毕并进入发令程序。

志愿者按照比赛时间，依据展示主管的提示，分别举倒计时牌提醒运动员。

一切准备工作就绪后，志愿者收回起点控制带，发令员按照比赛时间准时发令。

加强与检录、展示、终点、计时和竞走主裁判的配合，发现问题及时请示赛事总管处理。

赛后进行工作小结，归还器材。

（四）工作重点与难点

(1) 工作重点：确保准时发令。

(2) 工作难点：严防运动员抢跑。

（五）所需物品与器材

发令枪2～3把、子弹若干，起点控制带1条，倒计时牌1套，起点线即时贴3条（一个比赛单元使用1条）。

三、记圈组

记圈表

（一）工作任务

准确迅速地判定竞走运动员抵达终点的名次，完成记圈工作。

（二）人员设置

(1) 主裁判2人，记圈员10人，志愿者10人。

(2) 根据比赛项目，同一时间段3个项目同时比赛的，每个项目安排1组（每组3人）裁判员，多出的1组裁判员补充到运动员人数多的项目中；30公里、50公里的比赛，每2组裁判员负责1个项目。

（3）人盯人记圈，每人盯记4人左右。

（三）工作内容

1. 比赛前

（1）组织学习。

（2）做好裁判员分工，定岗定责。

（3）检查场地器材，领取表格。

（4）在主裁判领导下，搞好实习联调。

2. 比赛中

（1）主裁判。

①领导记圈员按时到位，每单元比赛开始前根据不同项目以及参赛人数进行合理分工。

②比赛开始后，再次核对参赛人数，随时掌握裁判员工作情况。

③一名主裁判负责全面工作，重点是注意观察圈数显示组及记圈组的工作；另一名主裁判主要负责脱圈组工作，加强记圈工作中与芯片计时组的核对工作。

（2）记圈组。

①根据比赛项目，了解参赛运动员的人数及水平。

②比赛开始后，3名裁判员为1组，1人报号，1人记录，1人监看并计时。

③当运动员剩最后一圈时，由主裁判通知圈数、裁判员摇铃。

（3）脱圈组。

认真观察运动员跑进情况，记录运动员剩余圈数并牢记运动员的具体情况（运动员的特征、衣服颜色、号码等），当运动员脱圈时，及时准确地向运动员举牌显示剩余圈数。

3. 比赛后

每单元比赛后进行小结，总结经验，提出下一单元工作比赛的要点。

（四）与各裁判组的配合

（1）与检录组的配合：赛前了解运动员的组别、人数、号码布的颜色、服装等情况。

（2）与起点组的配合：支援并安排好志愿者终点冲刺的任务。

（3）与芯片计时组的配合：比赛中由一名主裁判适时复核名次，如遇问题及时纠正，比赛结束后与芯片计时组核对名次。

（4）与检查组的配合：如遇运动员中途退出，请检查组及时通知并告知号码。

（5）与赛场管理组的配合：运动员到达终点后，由赛场管理组将运动员转交给赛后控制中心裁判组，由志愿者将运动员带到赛后控制中心。

（6）与红卡记录台的配合：请红卡记录台将被罚下的运动员及时通报终点组。

（五）工作重点与难点

（1）准确无误地记录参赛运动员所走的圈数，确认运动员到达终点的名次顺序。

（2）同芯片计时组密切配合，随时将运动员到达终点的顺序告知芯片计时组。

（3）在参赛人数较多，脱圈情况复杂时，准确及时地记录领先运动员与脱圈运动员的情况。

（六）应急预案

（1）运动员中途退出比赛：赛前与检查组沟通，比赛中及时与终点组联系，同时终点组裁判员及时清点每圈运动员人数，并备注。

（2）记圈员在记圈过程中发生多记或少记现象：赛前明确分工，根据参赛人数合理分配，计时员与记圈员密切配合，记录每圈时间以备核对，确保比赛中万无一失。

（3）翻圈错误：赛前认真组织实习，熟悉器械性能，主裁判随时查看圈数显示器，如发现问题及时纠正。

（4）脱圈情况复杂：赛前有充分的思想认识，并对运动员水平有所了解，估计脱圈情况，主裁判及时了解记圈组和芯片计时组的情况，如有疑问迅速解决。

（七）所需物品与器材

终点记录表若干、铅笔12支、卷笔刀4个、记圈显示器3套、脱圈牌3套、前8名名次顺序牌3套、秒表4块、板夹5块、对讲机2部。

四、感应计时组

（一）工作任务

在主裁判领导下，根据竞赛规则和规程相关条款的规定，本着严肃认真、公正准确的工作准则，确保终点计时装置的性能符合要求并正常工作，保证有一套手计时成绩作为计时的备份和应急成绩，准确记录竞走运动员的成绩。

（二）人员设置与工作职责

1. 人员设置

主裁判1人，终端操作及终点录像操作员若干人（由计时设备公司选派），手计时计表员2人，成绩抄录员2人。

2. 工作职责

（1）主裁判。

在外场裁判长领导下，负责全组工作，对计时装置的运转负责，确保终点计时装置的性能符合要求和正常工作。

赛前与厂家技术人员协调，熟悉计时装置的性能，监督计时装置的安装和测试。

带领全组裁判员认真培训和实习，使全组裁判员熟练掌握手计时流程。熟悉全组的所有工作，并指定合适的裁判员负责各个岗位，必要时能顶岗。

在每个单元比赛开始前，与感应计时操作人员、外场裁判长、发令员配合，确保发令枪或经批准的发令装置能自动启动终点计时系统并匹配无误。

赛前与厂家技术员和发令员一起进行计时器精度测试，并请技术官员、外场裁判长见证整个测试过程。

比赛开始前，负责与发令组联系，检查与召回发令员之间的联系是否畅通。

主裁判或其指定的采集、判读裁判员负责与一位召回发令员通过有线对讲机联系，发令枪响后，如计时器没有正常启动，立即通知该召回发令员及时鸣枪，以召回运动员。在此情况下，立即与厂方技术人员一起迅速查明原因，排除故障，保证比赛顺利进行。

监督判读裁判员判定运动员的名次和成绩，审核电子计时的每组运动员的名次和成绩并与手计时核对，审核无误后，上传至竞赛秘书组。

如遇创纪录，则严格核对运动员的成绩，打印出来并签字送竞赛秘书组，同时通知赛事总管、赛后控制中心。

与终点显示屏操作员、电视信号操作员一起，与电视转播人员协调联系，商定有关事宜，尽量配合转播工作。

每单元比赛结束后，及时总结经验和解决出现的问题。

（2）手计时计表员、成绩抄录员。

手计时计表员和成绩抄录员应独立于自动电子计时设备工作，互相配合记录每组每名运动员的成绩，核对后上交主裁判。

手计时计表员应熟练掌握秒表的开启、计时、停表、查看和清零，认真观察发令步骤和发令信号，确保准时开表；掌握运动员到达终点线计时的身体位置，准确停表计时，并通知成绩抄录员。

成绩抄录员应熟悉成绩记录表格，与手计时计表员密切配合，工整准确地填写每一名运动员的成绩并校对。

（三）工作内容

1. 比赛前

认真组织学习竞赛规则和裁判法，熟悉计时装置的原理。在明确裁判员各自分工的基础上，研究规则和裁判工作方法。根据各自的分工反复调试和练习，并与其他裁判组（如起点、终点等裁判组）进行联合调试和配合工作。

（1）认真学习竞赛规则和裁判法，制定工作方法，明确分工和职责。

（2）布置、检查终点线标志和内侧终点延长线的背景带。

（3）熟悉比赛距离，按确认顺序采集成绩。

（4）根据比赛要求，对运动员数量和号码分布等情况进行了解。

（5）准备有关器材及用品。

（6）确定与有关裁判组的联络信号和协作配合方法。

（7）检查通信设备，将电话、对讲机充电等。

（8）参加赛前实习和联调。

（9）与电视转播人员沟通，明确任务，并确定具体工作方法。

2. 比赛中

保证快速、准确地采集运动员到达终点的成绩。

（1）比赛前90分钟，全体裁判员、技术保障人员到达指定工作岗位，检查和调试各自岗位的仪器设备，并向主裁判报告检查情况。

（2）主裁判检查终点感应计时器的工作状况。

（3）与起点工作人员对接联络信号。

（4）检查终点线。

（5）核对上道运动员情况。

（6）当发令员鸣枪后，注意观察感应计时装置的启动情况，工作正常时，报告起点一切正常，保证比赛顺利进行。

（7）当运动员到达距终点10米处时，手计时计表员确认运动员号码并适时通报给成绩抄录员。

（8）在主裁判的监督下，手计时计表员即刻进行成绩判读，要求判读迅速、准确。判读的标准按规则要求，以运动员的躯干抵达终点线后沿垂直面瞬间为准。

3. 比赛后

及时进行总结，归还器材及用品，保管、整理好各种设备，以保证后续比赛正常使用。

（1）保存单元比赛的全部成绩、图像。

（2）保管好传感器、光电设备、分段计时器、显示牌、电缆、接头等，强化防雨等安全措施。

（3）比赛后及时进行设备检查维护。

（4）给机器电瓶、对讲机充电，给干电池器械更换干电池。

（5）与各有关裁判组协调，商榷比赛中的问题并改进工作。

（6）整个大会比赛结束后进行总结。

（7）归还器材和用品，办理其他手续。

（四）工作重点与难点

（1）迅速、准确地判断到达终点运动员的成绩并记录，首先确保开表时间与发令时间严格一致。

（2）在多名运动员连续到达终点时，准确记录每一名运动员的先后名次及成绩。

(3) 发令后，立刻检查感应计时器启动是否正常，如未启动，即刻通知召回发令员召回运动员。

(4) 运动员有脱圈情况发生时，与终点裁判组密切配合，确认运动员到达终点情况。

（五）所需物品与器材

秒表4块、夹板4块、水笔8支（黑色6支、红色2支）、铅笔10支、裁纸刀2把、对讲机1台、成绩记录表若干、桌子2张、椅子6把。

五、用水/饮水站及饮料站

（一）工作任务

(1) 在赛事总管、外场裁判长的领导下，协调、配合各项目裁判组工作，管理用水/饮水站及饮料站的摆设，处理比赛中用水/饮水站及饮料站出现的各种问题，保证比赛的顺利进行。做好用水/饮水站的保管和供应工作、维护好饮料站的工作秩序，及时清理垃圾。

(2) 组织管理好用水/饮水站及饮料站全体裁判员和志愿者，安排全体人员学习工作方法、进行现场实习，配合大会联调实践。

（二）人员设置

主裁判2人，裁判员6人（饮水站2人、用水站2人、饮料站2人），志愿者20人。

（三）物资清单

矿泉水300件、纸杯2000个、桌布（蓝色4块、白色8块、红色若干，根据代表队确定）、一次性手套50双、海绵块500个、托盘6个、大桶3个（用水浸泡）、大垃圾袋40个、透明胶带2卷、剪刀2把、黑色圆珠笔2支、桌子若干（自备饮料桌子，根据代表队个数确定）、椅子若干（根据代表队个数确定）、各代表队指示牌（根据代表队个数准备）、警戒带100米、帐篷若干（根据代表队个数确定）、自动喷淋设施若干。

（四）严格执行规则对竞走比赛饮用水/饮水站及饮料站的规定

食品、饮料站、用水/饮水站（10公里、20公里、50公里）根据规则第230条，应在比赛路线上以适当的间隔设置用水/饮水站，以方便运动员拿取。饮水站最理想的工作方法是把盛一半水的水杯放在桌上，运动员可以方便地拿取水杯。志愿者负责摆放盛有半杯水的杯子，并清理丢弃在比赛线路上的杯子，用一个大垃圾桶盛放用过的杯子。用水站最理想的工作方法是志愿者从大水桶中把中等大小的海绵块拿出，放在桌子上呈“品”字形摆放，以方便运动员拿取。根据规则第230条，自备饮料或食品可由组委会或运动员自己提供，饮料站应放在间隔2米的桌子上，应有参赛运动员代表队的队名或号码（国家名称或3个字母的国家名称代码）。饮料应放置在运动员易于拿取或由指定的官员递送到运动员手里的地方。比赛官员应监督饮料站的运行情况，确保每个代表队（国家）最多有2人进入饮料站（一个国家有3名以上运动员参赛时，可允许运动队在饮料站增设人员）。任何情况下都不允许有人在递送饮料时伴随运动员跑动。志愿者服务人员要及时清理丢弃的瓶子，注意不要干扰运动员行进。

用水站海绵、饮水站水杯摆放示意图

（五）工作方法

根据大会安排，通常赛前会有裁判员动员、分工对接、物资检查、场地实习和联调工作。

主裁判的工作有：组织裁判员、志愿者见面后建微信群，进行分组分工、安排培训学习和现场实习，根据站点分工安排合适人员。

对于5公里、10公里、20公里项目，应设置：饮料站1处，安排裁判员2人、志愿者5人，志愿者负责捡瓶子工作；用水站1处，安排裁判员2人、志愿者4人，志愿者负责增、捡海绵块工作；饮水站1处，安排裁判员2人、志愿者5人，志愿者负责增、捡纸杯工作。

对于30公里、50公里项目，应设置：饮料站1处，安排裁判员1人、志愿者4人，志愿者负责捡瓶子工作；用水站1处，安排裁判员2人、志愿者4人，志愿者负责增、捡海绵块工作；饮水站2处，安排裁判员3人、志愿者6人，志愿者负责增、捡纸杯工作。

主裁判安排各站站长，站长负责本组人员的管理和出勤工作。

（1）本组人员应按大会要求时间，每单元比赛提前1～1.5小时到岗，在各站长的带领下，裁判员和志愿者到器材室领取一次性手套、纸杯、矿泉水、海绵块、桌布、托盘、警戒带、胶布等。尽量让供水人员准备大桶装水、送水，根据天气准备冰块，裁判员和志愿者应提前浸泡海绵块，以便比赛时使用。

（2）全体人员携带物资到岗后，再次确定物资领取数量，保障比赛中的正常使用。在合适的位置（这些位置可以稍做记号）测量出桌子距离，铺好桌布，放上纸杯等；饮料站人员到岗后，按距离站位，分工捡瓶子，在最后的位置多安排些人员。

（3）每单元比赛结束后，整理并归还物资。小结后，整队离开。

（六）工作重点与难点

1. 工作重点

（1）检查裁判员和志愿者到岗情况；裁判员、志愿者须按大会要求，准时提前到岗，穿好裁判服。

（2）检查每日物资领取情况，包括桌子在起点或终点摆放的位置、间隔距离、直线要求、摆的方向，桌布数量、纸杯数量、装水情况及摆放情况，矿泉水、海绵块、托盘、大桶等的领取数量。

（3）在规定的工作地点工作，注重仪表，按工作标准工作，不拍照，不合影，热情服务。

2. 工作难点

在饮料站，根据竞赛指南，清除多余人员，严守纪律。及时清除纸杯、饮料瓶和海绵块；另外，极端天气下保障水量的供应，考虑食品的临时分发；提前留存物资处工作人员联络电话。

六、检查组

（一）工作职责

根据规则第127条要求，做好比赛途中的检查执裁工作。协助竞走裁判员做好辅助配合工作，督促检查罚下、中退运动员摘下号码布，并将其移交给场地管理人员转送到赛后控制中心。

（二）人员配置

检查主裁判2人，检查员10人（其中2~3人骑电瓶车流动巡查并接收罚下中退运动员，并送至赛后控制中心）。

（三）工作内容

赛前认真组织全体裁判员学习竞赛规程和规则以及大会的相关规定；做好人员分工，定点定责，任务明确，制定工作方法；进行岗位实习、演练，备好所需器材；赛中提前1小时到岗，严格按照所制定的方案认真执裁。

检查员站位不能有盲区，每隔100~130米有一位检查员，饮料站、用水/饮水站、折返点、终点附近、岔口都是重点站位区域。

主裁判分工明确，一人相对固定在远端（东面折返点）前面一些，一人流动巡查，确保比赛顺利进行，发现问题及时处理。

注意安全，防止无关人员和观众进入赛道干扰比赛，观察运动员在场上的身体状态，发现问题及时报告。

在外场裁判长领导下，促进竞走裁判员、饮料站、用水/饮水站、罚停区、赛后控制中心等裁判组和医疗组默契配合，保证比赛顺利进行。

赛后进行工作小结，发现不足及时改进，归还器材。

（四）工作重点与难点

（1）工作重点：执行规则第127条检查员规定，确保比赛正常和安全。为竞走裁判员执裁做好保障工作，并处理好竞走技术规则以外的其他犯规行为。

（2）工作难点：赛场情况千变万化，不能掉以轻心，随时随地积极主动处理外场发生的事情，确保比赛顺利进行。

（五）所需物品与器材

黄旗10面、绿旗2面，检查用表若干，水笔12支，电瓶车4辆，对讲机2部。

第七节　录像裁判长、仲裁录像组

一、录像裁判长

（一）工作任务

实时、准确记录比赛内容，保证提供高质量的视频及图像；为解决比赛中的争议提供真实可靠的录像资料，辅助仲裁委员会进行准确、公正的裁决；筛选、编辑、整理比赛项目的图像及视频，并进行分类、归档、储存，协助组委会进行比赛资料存查。

（二）岗位设置、工作职责与工作位置

1. 岗位设置

仲裁录像裁判长2人：1人负责竞走比赛点位设置，协调仲裁委员会、技术信息中心、外场裁判长与录像摄像组之间的联络，以及抗议申诉现场录像的提取；1人负责志愿者培训，以及外场具体拍摄、志愿者管理、录像播放、资料收集等。

志愿者8人：1人负责联络，其余7人分别负责相应点位的摄像工作。

2. 工作职责

（1）认真学习竞赛规则，了解比赛日程，做好机位布置。

（2）了解每台摄像机的品牌、性能及操作方法，熟悉电脑录入程序与图像处理技术。

（3）做好培训工作，与仲裁委员会联络，精心设计摄像机点位，保证录像质量稳定、清晰。

（4）对比赛项目进行记录，为解决比赛中的争议提供可靠的影像资料及图像，使之成为仲裁委员会进行裁决的重要依据。

（5）将比赛视频及图像分类、归档、储存，协助组委会进行比赛资料存查。

（6）增强服务意识和责任感，全面提升仲裁录像团队的整体素质与服务质量。

（三）工作内容

1. 比赛前

（1）认真学习竞赛规则与规程以及裁判法，制定工作方法，明确各自工作位置和工作职责。

（2）确定仲裁录像内部人员联系方式，与仲裁委员会、外场裁判长、技术信息主裁判、场地器材主裁判确定联络方式。

（3）检查摄像机电池、存储卡、三脚架是否齐全，了解备用电池与存储卡情况。

（4）研究拍摄位置、机位摆放角度，熟悉摄像机的原理与操作细则，掌握回放、慢速播放、逐帧播放等功能操作方法。

（5）熟悉比赛项目，全面了解、掌握竞走项目拍摄重点。

（6）依据大会项目联调时间进行实践操作，检验录像系统工作是否顺畅，发现问题及时解决。

2. 比赛中

（1）按照大会统一规定，按时到达指定工作岗位，选准拍摄地点，安装好摄像机，做好拍摄准备。

（2）检查所有录像地点志愿者准备情况，反复检查设备的各项性能是否稳定、图像是否清晰、角度是否为最佳等，把握工作重点与难点以及注意事项。

（3）按照仲裁委员会和赛事总管的要求，在每个项目运动员容易出现犯规、引起争议的地方安排机位。

（4）赛前5分钟，向外场裁判长报告一切准备就绪，等待比赛开始。

（5）每次拍摄启动后，立即检查拍摄是否成功，密切关注每一个点位志愿者的反馈情况。

（6）一旦出现争议，仲裁委员会和赛事总管需要调取录像资料时，应快速准确提供。

拍摄程序：每个机位采取“迎接送”的拍摄步骤，使录像位置没有拍摄“盲区”，不漏掉每个比赛过程的细节。比赛开始后，随运动员移动慢速推拉。

3. 比赛后

（1）每个单元比赛结束后，整理好拍摄器材，按照之前确定的行走路线，整齐有序撤离拍摄位置。将比赛录像资料存档，标注好比赛单元、时间，将项目信息备份保存，以备快速调阅。

（2）全组人员对拍摄效果清晰、图像稳定、角度准确的录像给予肯定，指出拍摄效果差、图像模糊、抖动厉害的录像，提出改进意见，不断总结经验。

（3）及时给摄像机充电，保证下一单元比赛正常使用。

（4）与各有关裁判组协调，商榷比赛中存在的问题并提出改进意见。

（5）大会比赛结束后进行总结。

（6）归还摄像机和其他用品。

（四）工作重点与难点

（1）根据竞走项目的设置情况，录像裁判长对各项目拍摄的重点与难点进行安排。

（2）竞走拍摄重点是起点出发阶段的挤、撞、推、拉、踏的情况，以及终点冲刺阶段相互超越的情景，转折点阶段超越时的动作姿势和全程中的每个点位需要跟踪拍摄。

（3）拍摄竞走比赛运动员起跑出发顺序情况，拍摄起终点附近运动员推、拉、挤、拽等阻挡犯规情况，拍摄运动员的脱圈情况，拍摄运动员到达终点的冲刺情况。

（4）转折点运动员所走路线、进出第一转折点和第二转折点情况等，以及转折点运动员非技术性犯规情况要重点拍摄。

（5）运动员在行进中容易呈焦灼状态，发生相互间的挤、撞、推、踏等，在上下弯道时相互超越的情景更要重点拍摄。

（6）饮料站和用水/饮水站机位要摄录运动员拿取自备饮料和用水/饮水的情况。

（7）红卡显示屏显示运动员红卡信息情况，作为裁判员判罚和主裁判通知运动员犯规取消比赛资格的手段。

（8）罚停区机位要拍摄运动员罚停时间、进出罚停区情况。

（五）应急预案

录像裁判长的应急预案见表2-7。

表2-7 录像裁判长的应急预案

事件描述	应对步骤	应对措施	涉及部门
对讲机出现频道拥堵或不能有效联系相关人员	裁判长—仲裁委员会—技术信息裁判组—场地器材裁判组	按照之前确定的方式及时联系	仲裁委员会、技术信息裁判组、场地器材裁判组
摄像机出现故障	裁判长—点位志愿者—场地器材裁判组—主裁判	请求相关人员送修，备用机启动拍摄	场地器材裁判组
出现电池与存储卡问题，或遇到争议需要调取录像资料	裁判长—仲裁委员会—技术信息主裁判—场地器材主裁判	换取备用机或存储卡拍摄；将调取录像交由仲裁委员会回放确认	仲裁委员会、场地器材裁判组
天气异常（下雨）	裁判长—场地器材主裁判	每个机位配备雨伞或遮雨工具	场地器材裁判组

（六）所需物品与器材

所需物品与器材见表2-8。

表2-8 所需物品与器材

物品名称	规格	数量	备注
摄像机		8台	附带电源线、充电器等
摄像机摄录存储卡		16个	每台摄像机2个
摄像机电池		16个	每个至少工作4小时
摄像机三脚架		8个	
对讲机		2部	

二、仲裁录像组

一般情况下，根据赛事级别确定是否设置录像裁判长，大型赛事会设置录像裁判长，而小型赛事仅设置仲裁录像组，因此以下部分内容可能与录像裁判长的内容有重合。

（一）工作任务

实时、准确地记录比赛内容，保证获取高质量的视频及图像；为解决比赛中的争议提供真实可靠的录像资料，辅助仲裁委员会对申诉进行准确、公正的裁决；筛选、整理、编辑比赛项目的图像及视频并进行分类、归档、储存，协助组委会进行比赛资料存查。

（二）工作职责

（1）认真学习田径竞赛规则，明确比赛场地布局。了解比赛日程并根据项目、组数、人数与时间安排好单元项目分工。

（2）了解每台摄像机的品牌、性能及操作方法，熟悉电脑录入程序与图像处理技术。

（3）做好培训工作，与仲裁委员会联络，精心设计摄像机架设点位，保证录像质量稳定、清晰。

（4）对所有比赛项目进行真实记录，为解决比赛中的争议提供可靠的影像资料及图像，使之成为仲裁委员会裁决的重要依据。

（5）将比赛视频及图像进行分类、归档、储存，协助组委会进行比赛资料存查。

（6）增强学习意识与责任感，全面提升仲裁录像团队成员整体素质与服务质量。

（三）点位设置示例

点位设置示例请扫描二维码查看。

仲裁录像点位设置示例

（四）工作方法

1. 比赛前

（1）认真学习竞赛规则、竞赛规程、裁判法、技术会议内容，制定工作方法，明确各自工作位置和工作职责。

（2）确定仲裁录像组内人员联系方式，与仲裁委员会、外场裁判长、技术信息主裁判、场地器材主裁判协调好联络方式。

（3）检查摄像机的电池、存储卡、三脚架是否齐全，了解备用电池与存储卡情况。

（4）研究拍摄机位，熟悉摄像机的原理与操作，掌握回放、慢速播放、逐帧播放等功能操作方法。

（5）熟悉比赛日程和项目，了解、掌握竞走项目拍摄重点。

（6）依据大会联调时间进行实践操作，检验录像系统工作是否顺畅，发现问题及时解决。

2. 比赛中

（1）按照大会统一规定，根据每一单元竞赛日程表安排按时到达指定工作岗位，选准拍摄地点，安装好摄像机，做好拍摄准备，准备完毕后向裁判长报告。

（2）裁判长检查所有录像地点志愿者准备情况，反复检查设备的各项性能是否稳定，确认图像是否清晰、角度是否最佳等，把握工作重点与难点以及注意事项。

（3）按照仲裁委员会和赛事总管的要求，在运动员容易出现犯规、引起争议的地方，如出发点、折返点、补给站点、最后冲刺阶段、罚停区等，安排机位拍摄。

（4）赛前5分钟，向外场裁判长报告一切准备就绪，等待比赛开始。

（5）每次拍摄启动后，立即检查拍摄是否成功。

（6）一旦出现争议，仲裁委员会和赛事总管需要调取录像资料时，应快速准确提供。

3. 比赛后

（1）每个单元比赛结束后，整理好拍摄器材，按照之前确定的行走路线，整齐有序撤离拍摄位置。将单元比赛录像资料存档，并标注好比赛单元、时间，将项目信息备份保存，以备快速调阅。

（2）全组人员观看录像，对拍摄效果清晰、图像稳定、角度准确的录像给予肯定，指出拍摄效果差、图像模糊、抖动厉害的录像，并提出改进意见，不断总结经验。

（3）及时给摄像机充电，保证下一单元比赛正常使用。

（4）与各有关裁判组协调，商榷比赛中存在的问题并改进工作。

（5）大会比赛结束后进行总结。

（6）归还摄像机和其他用品。

（五）工作流程

仲裁录像组的工作流程如图2-9所示。

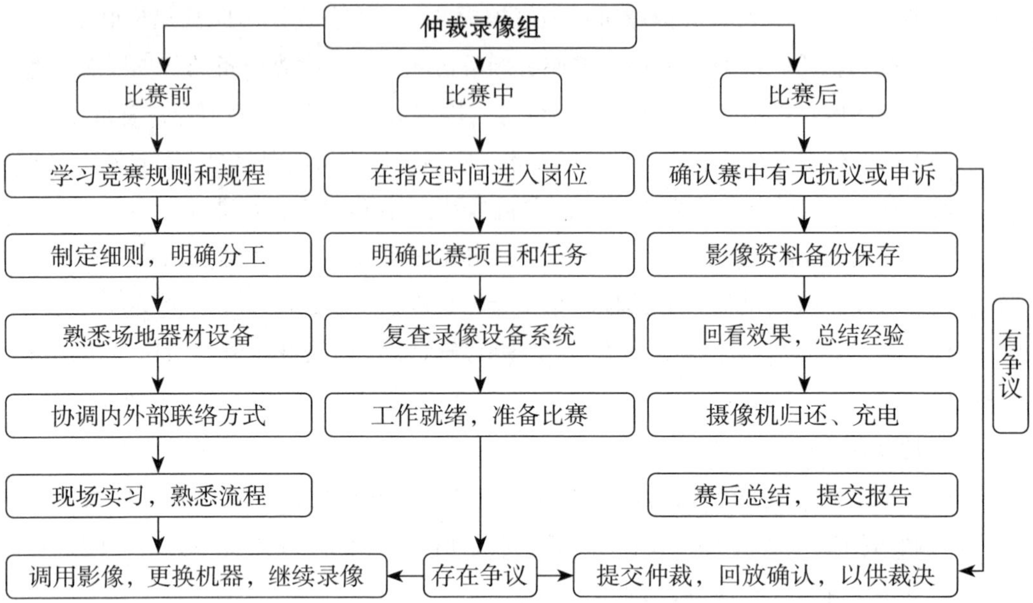

图2-9　仲裁录像组的工作流程

（六）工作重点与难点

与录像裁判长相同，此处不再赘述。

第八节　竞走裁判员

全体竞走裁判员在技术代表或指定组长的领导下，严格按照规则和竞走的定义独立执裁，以眼睛观察为依据，对运动员的竞走技术进行公正、准确的判罚。根据规则要求，在公路竞走比赛中，通常情况下，包括主裁判在内的裁判员人数至少6人，至多9人；在场地竞走比赛中，通常情况下，包括主裁判在内的裁判员人数为6人。

一、竞走主裁判

（一）工作职责

（1）组织召开竞走裁判员会议，学习竞赛规则、规程和大会相关文件，研究裁判工作方法，明确岗位职责，确定裁判员号码，提出相关要求。

（2）检查场地、器材和相关设备以及资料，包括红卡显示屏、黄牌、红牌、红卡、裁判员判罚记录表、总判罚记录表、罚停区记录表（判罚时间显示牌）、掌上电脑（含接收设备）、传送红卡用车等。了解自备饮料站、大会饮料站、用水/饮水站、记录台、红卡显示屏、喷淋站、卫生间、医疗点的具体位置等情况，并提出改进意见。

（3）负责对记录员和传卡员进行培训（包括接收红卡、记录信息、操作掌上电脑及传输红卡的具体方法和注意事项），并组织其参加联调实习。

（4）要求上场裁判员校准手表时间，负责安排裁判员执裁位置，明确换位时间与方式，组织上场裁判员与传卡员对接。

（5）与技术代表协商可任命2名或多名主裁判助理。

（6）当记录员告知某运动员已有3张来自不同裁判员出示的红卡时，主裁判或其助理应立即向该运动员出示红牌，取消其比赛资格；若使用罚停区时，应由主裁判或主裁判助理通知该运动员进入罚停区。当某运动员得到了4 张红卡时，主裁判或主裁判助理应立即向该运动员出示红牌，取消其比赛资格。

（7）当运动员进入最后100米时，如观察到某运动员的行进方式明显违反竞走定义时，不论此前该运动员得到几张红卡，主裁判均有权取消该运动员的比赛资格。

（8）当某运动员通过终点后，主裁判收到对该运动员的第3张或第4张红卡时应尽快告知该运动员已被取消比赛资格。

（9）比赛结束后，应及时召集竞走裁判员进行工作小结，认真审核技术判罚总表，确认无误后签字。

（二）工作方法

1. 比赛前

（1）与赛事总管和相关裁判组沟通，了解项目设置、组别、人数、运动员水平、场地器材及竞走裁判员所用表格、文具的准备情况。

（2）组织竞走裁判员学习竞赛规则、规程和有关规定，并提出相关要求，统一记录方法。

（3）组织竞走裁判员勘察赛道，了解线路周围工作环境，确定裁判员位置，进行现场实习，熟悉器材、设备性能。

（4）落实通信联络设施（对讲机），保证比赛时通信联络畅通无阻。

（5）确定上场竞走裁判员的具体站位区域以及换位时间与方法，组织裁判员与传卡员对接，按规定时间入场。

（6）出发前向运动员强调相关注意事项（包括安全事项，黄牌、红卡公告及各水站取水时的技术要求等）。

2. 比赛中

（1）主裁判的位置通常在记录台附近，以便主裁判随时与记录台保持联系，审查传送来的红卡中所有信息是否填写清晰、完整、准确。

（2）当记录裁判员告知某运动员已有3张来自不同裁判员的红卡时，主裁判或主裁判助理应立即向该运动员出示红牌，取消其比赛资格；如果设立罚停站，主裁判或主裁判助理应手持双面印字标识牌及时向运动员出示罚停时间并引导其进入罚停区。当某运动员已进入罚停区并获得第4张红卡时，等运动员走出罚停区后，主裁判或主裁判助理应再向该运动员出示红牌，取消其比赛资格。

（3）运动员进入最后100米后，主裁判的位置应向终点移动，在距终点30～50米的位置进行观察。

（4）当在比赛最后阶段运动员收到第3张红卡，主裁判来不及通知犯规运动员进入罚停区，且该运动员已完成比赛时，应通知计时主裁判将罚停时间加入他的成绩。

（5）比赛结束后，主裁判认真审核判罚总表，确认无误后签字。

3. 比赛后

及时召开裁判员小结会，对每场比赛的技术判罚情况及记录台工作、红卡公告牌操作、罚停区和各环节的配合工作等进行全面小结，针对出现的问题，查找原因及时解决。

二、主裁判助理

（一）工作职责

仅代表主裁判向犯规运动员告知其已被取消比赛资格，但对竞走运动员无权行使判罚权。根据安排对记录员和传卡员进行培训。

（二）工作方法

1. 比赛前

按照工作流程，在记录台领取并佩戴主裁判助理袖标，领取红牌1个、笔1支、判罚记录卡1～2张（仅用于记录被罚下运动员的号码和时间）。

2. 比赛中

协助主裁判认真观察已获得3张红卡运动员的号码，及时告知已被取消比赛资格的运动员离开赛道；如果使用罚停站，可协助主裁判及时通知获得3张红卡的运动员进入罚停区接受罚停，并记录运动员的罚下时间，及时报告主裁判，同时将罚下时间通知记录裁判员。

3. 比赛后

归还袖标、红牌等物品，参加主裁判召开的工作小结会。

三、裁判员

（一）工作方法

1. 比赛前

（1）提前1小时到达场地，做好赛前各项准备工作。

（2）在主裁判领导下，认真检查上场所需要的各种器材（黄牌、红牌、红卡、签字笔、夹板、裁判员判罚记录表等）。

（3）上场裁判员（含主裁判和主裁判助理）应分别佩戴代表不同职责的袖标或标志，在记录台领取黄牌、红卡和判罚记录表等，并填写红卡和记录表中的相关信息；与传卡员对接，按规定时间整队前往指定位置入场。

2. 比赛中

（1）如在每圈1公里的公路场地上进行比赛，通常情况下需有包括主裁判在内的6名裁判员上场执裁（上场裁判员必须按照主裁判排列的位置顺序就位），裁判员站位之间的距离约为80米。

（2）如在每圈2公里的公路上进行比赛，应有包括主裁判在内的9名裁判员上场执裁，裁判员站位之间的距离约为120米，在红卡公告牌（屏）附近的裁判员应注意回避。

（3）裁判员按照主裁判的安排，由左至右按1～5号位或1～8号位站位，应相对平均地分布在赛道的两侧。

（4）公路比赛应选择赛道两边站位观察（根据赛道站在中间或两边），以便清楚地观察到运动员行进间的腿部动作，裁判员最佳观察位置与运动员成45° 角。

（5）裁判员应根据分配的位置重点关注最容易犯规的时间和地段，如比赛开始加速或超越其他运动员时、走在人群中间时、最后阶段一人或多人呈焦灼状态时、最后冲刺阶段、上下坡地带、 急转弯处、折返处、用水/饮水站等。

（6）竞走比赛中运动员被判罚的情况有以下几种：

①当运动员出现屈腿、腾空、收到3张红卡或在设立罚停站的比赛中收到第4张红卡时。

②出发抢走、阻挡 、推拉、绊人等。给予2次警告的情况有：运动员在比赛中出现陪走、连续给一个运动员二次递水、擅自拿取他人自备饮料等。

③出现严重违反体育道德的行为；未进罚停区或停留时间不够。

④缩短比赛距离、擅自离开赛道。

⑤如运动员在最后100米严重犯规，主裁判可以直接出示红牌将其罚下；如比赛中没有来得及对得到第3张或第4张红卡的运动员进行判罚，比赛结束后还可以继续追加判罚。

⑥违反规则规定影响其他运动员行进可被罚下。

（7）认真观察所有运动员的竞走技术，当观察到某运动员的竞走技术动作不完全符合竞走定义规定时，裁判员的判罚程序是：①首先看清犯规运动员的号码，确认犯规性质（腾空还是屈腿）；②向运动员出示两面都有犯规性质标志的黄牌；③在记录卡上记录犯规运动员号码、犯规时间、犯规性质。

（8）当任何时段观察到运动员的行进方式不符合竞走定义，并表现出可见的腾空和屈腿行为时，应立即填写一张红卡并通过传卡员（或掌中宝）交给记录台。红卡填写步骤：犯规运动员号码—犯规时间—犯规性质，红卡中的其他信息应提前写好。

3. 比赛后

（1）审核自己填写的判罚记录表，确认无误后签字交给记录裁判员。

（2）将夹板、袖标和剩余红卡交记录台，如果有签过字的空白红卡一定要销毁。

（3）参加竞走主裁判召开的总结会。

（二）工作流程

裁判员工作流程如图2-10所示。

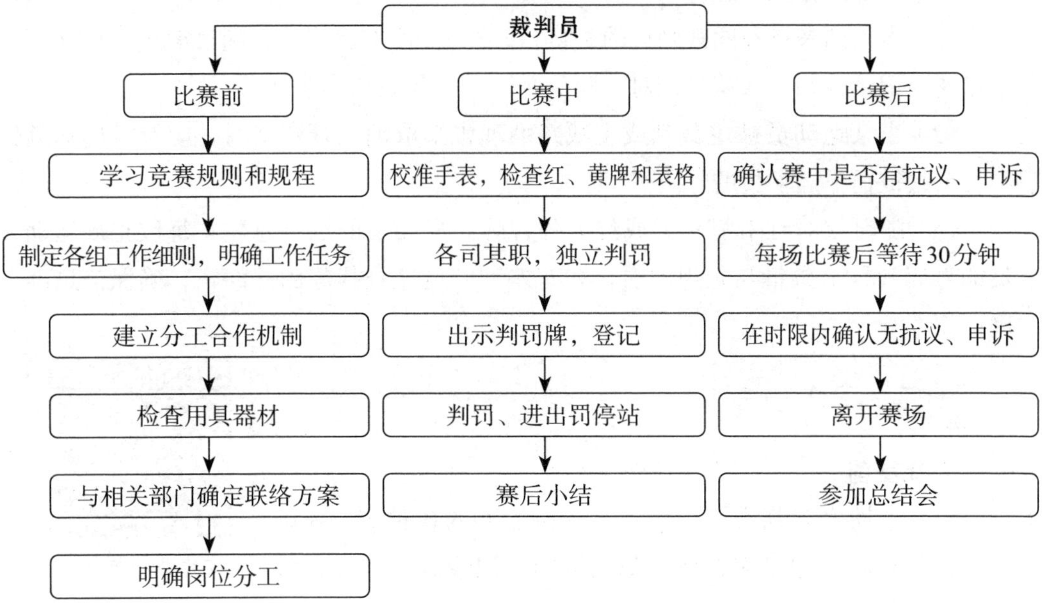

图2-10 裁判员的工作流程

四、记录裁判员

（一）工作职责

1. 记录裁判员A

（1）负责记录台的布置，检查记录台和竞走裁判员所需要的各种表格。

（2）负责竞走总判罚记录表的记录和统计工作（含所有裁判员出示红卡、黄牌和运动员罚下时间等信息）。

（3）将犯规运动员号码和犯规性质及时通知红卡显示屏和红卡公告牌操作员，并迅速将此信息进行公告。

（4）比赛结束后，及时收回裁判员的判罚记录表，并将每位裁判员的黄牌警告信息及时填写在总判罚记录表上，然后交主裁判审核签字。

2. 记录裁判员B

（1）负责接收主裁判递交的红卡，并将所有红卡用小夹子夹好，按照号码大小顺序依次摆放在桌子上。

（2）当收到来自不同裁判员的3张（设立罚停区的比赛是收到第4张）红卡时，应迅速与记录裁判员A认真核对，确认无误后立即通知主裁判。

（3）当某运动员被主裁判或主裁判助理告知取消比赛资格时，应及时通知竞赛秘书组被罚下运动员的号码。

（4）随时核对红卡显示屏或红卡公告牌与桌面上的红卡总数、每位犯规运动员的号码和红卡数量与犯规性质，如有差别应迅速查找原因并纠正，确保信息准确无误。

（二）工作方法

竞走裁判员判罚记录表

1. 比赛前

（1）参加主裁判会议，检查比赛所需要的各种表格（竞走裁判员总判罚记录表、竞走裁判员判罚记录表、红牌、黄牌、红卡、夹板、线绳、蝴蝶夹、档案袋、板擦、水性记号笔等）。

（2）与红卡显示屏操作员、红卡公告牌操作员和竞赛秘书组沟通，明确联络方法；参加联调实习，熟悉整个工作配合过程。

2. 比赛中

记录裁判员A的工作方法如下：

（1）认真倾听记录裁判员B宣读的红卡信息，并依次将所有信息准确无误地记录在总判罚记录表上。

（2）完成红卡信息登记后，通知红卡显示屏操作员和人工红卡公告牌操作员输入信息，并在红卡公告牌（显示屏）上显示。

（3）当某运动员被主裁判或主裁判助理红牌罚下时，应记录该运动员被罚下的准确时间。

记录裁判员B的工作方法如下：

（1）接受主裁判递交的红卡，并宣读红卡信息，宣读顺序为：运动员号码→裁判员号码→犯规性质→犯规时间，如235号→2号裁判员→腾空→10：20。

（2）宣读后将红卡用小夹子夹好，按照号码大小顺序依次摆放在桌子的前排（如遇大风天气最好准备2条线绳防止红卡被风刮走）。

（3）当收到3个不同竞走裁判员对同一运动员发出的3张红卡时，在与记录裁判员A核对无误后，应立即通知主裁判，同时将3张红卡用小夹子夹好放在后面一排。当主裁判或主裁判助理告知该运动员已被取消比赛资格时，应记录罚下时间，并及时通知竞赛秘书组和终点主裁判被罚下运动员的号码。

（4）如比赛中设置了罚停区，当某运动员获得3张红卡时，应及时告知主裁判并由主裁判或主裁判助理通知该运动员进入罚停区；当某运动员获得4张红卡时应及时告知主裁判，并由主裁判或主裁判助理及时告知该运动员已被取消比赛资格，并记录罚下的时间。

3. 比赛后

记录裁判员A的工作方法如下：

（1）比赛结束后，及时收回各裁判员的判罚记录表，并将各裁判员的黄牌警告信息及时填写在总判罚记录表上。

（2）将所有单元比赛的总判罚记录表、竞走裁判员判罚记录表和红卡分别存放在信封中或用皮筋绑好，交竞赛秘书组或专人保管。

（3）参加主裁判召开的工作小结会。

记录裁判员B的工作方法如下：

（1）协助记录裁判员A填写红卡信息和各判罚记录表所有黄牌信息。

（2）回收所有剩余表格、器材、红卡等物品并归还器材室。

（3）参加主裁判召开的工作小结会。

五、红卡显示屏与红卡公告牌操作员

红卡公告牌

（一）红卡显示屏操作员工作方法

1. 比赛前

（1）勘察确定红卡显示屏与红卡公告牌的具体位置。

（2）调试红卡显示屏的各种功能并熟练掌握，在条件允许的情况下，按照秩序册中运动员的号码顺序将所有号码都显示在大屏上，否则仅将犯规运动员信息逐一输入显示即可。

（3）检查所有所需器材和设备，如电源及插线板、不间断电源等，与记录裁判员沟通，明确工作方法和流程。

（4）参加联调实习。

2. 比赛中

听从记录裁判员A的指令，准确无误地输入运动员的号码和犯规性质。

3. 比赛后

储存红卡信息，检查相关设备，参加工作小结会。

（二）红卡公告牌操作员工作方法

1. 比赛前

（1）检查所需器材，如红卡公告牌白板所需要的数量（根据人数确定）、红卡显示喷绘张数（内容包括项目、组别、人数等信息）；检查带有腾空和屈膝标识的不干贴，准备数量应确保在比赛中够用。

（2）参加联调实习。

2. 比赛中

（1）听从记录裁判员A的指令，准确无误地将犯规性质贴在红卡公告牌上的相应运动员号码旁边，如发现问题及时纠正。

（2）如遇特殊情况，在主裁判的指挥下及时将红卡公告牌摆放在指定的位置，供运动员观看。

3. 比赛后

将红卡公告牌取下留存，归还白板和所有使用物品，检查下一单元比赛将要使用的红卡公告牌，核对项目、运动员号码和顺序等。

六、罚停区主裁判

罚停区记录表

（一）工作职责

（1）组织召开罚停区裁判员会议，学习竞赛规则、规程和大会相关文件，做好与相关裁判组的沟通协调工作，研究裁判工作办法，明确岗位职责，提出相关要求。

（2）带领裁判员根据参赛人数和规则要求布置罚停区，检查器材和相关设备以及资料（包括罚停区标志牌、双面计时钟、秒表、罚停记录表等）。了解记录台、红卡公告牌（显示屏）的具体位置等情况，明确与记录台的沟通方式，并提出改进意见。

（3）负责对罚停区裁判员工作方法和工作流程的培训（包括开表与回表时机、报时和记录时间的培训等），组织其参加联调实习。

（二）工作方法

1. 比赛前

（1）在主裁判的带领下认真学习竞赛规则、规程，明确分工和职责，检查相关器材。

（2）熟悉工作方法，提前一个半小时到达比赛现场，领取器材，布置场地，做好赛前准备。

2. 比赛中

（1）按照比赛规程的规定或按照组委会的决定使用罚停区，一旦某运动员得到3张红卡，其将被主裁判或主裁判助理举两面都显示罚停时间的牌子通知进入罚停区，该运动员必须在第一时间进入罚停区，并在罚停区内停留规定时间。

（2）任何拒绝进入罚停区的运动员或未在罚停区停留规定时间的运动员将被主裁判判罚取消比赛资格。

（3）如果该运动员刚进入罚停区又得到1张或多张红卡（由以前没有为其填发红卡的裁判员填写），其将在离开罚停区后被取消比赛资格。

（4）如果一个运动员得到了第3张红牌，主裁判或主裁判助理来不及通知该运动员进入罚停区，且其已经完成了比赛，罚停时间将被追加到其最后完成比赛的官方成绩中。

（5）按照赛前分工，对进入罚停区的运动员及时开表、记录、停表，然后迅速做好下一个进入罚停区运动员的罚停准备工作，如遇问题应及时报告主裁判。主裁判或主裁判助理应在第一时间通知有关运动员进入罚停区，由罚停区裁判员引导运动员进入罚停区，当运动员到达罚停区入口线，立即开始计时。罚停时间还剩60秒、30秒、10秒时，应口头告知运动员，并在罚停时间剩余10秒时，由罚停区相对应的裁判员引导运动员到达罚停区出口预备区，并下达“5、4、3、2、1走”的口令，该运动员可立即重新进入场地比赛。

（6）在罚停区主裁判领导下，罚停区人员进行分工：A登记记录表，B、C、D（或更多）分别代表3名（或更多）裁判员，这3名（或更多）裁判员分别一对一管理进入罚停区的运动员（迎进来，开启秒表计时、报时，送出去）。

（7）需要进一步进行纪律处罚的情况：运动员被主裁判或主裁判助理出示红牌判罚，不肯离开赛道；不愿进入罚停区，或者不按规定时间在罚停区内停留或停留时间不够。

3. 比赛后

（1）比赛结束后与记录员核对进入罚停区运动员的号码、进入时间、罚停时间和离开时间，确认无误后记录员签字交主裁判审核，主裁判签字后交记录台留存。

（2）参加工作小结会议，收拾场地，归还器材。

附　录

附录一　各类标识用具

附录图1-1　袖标9厘米×45厘米

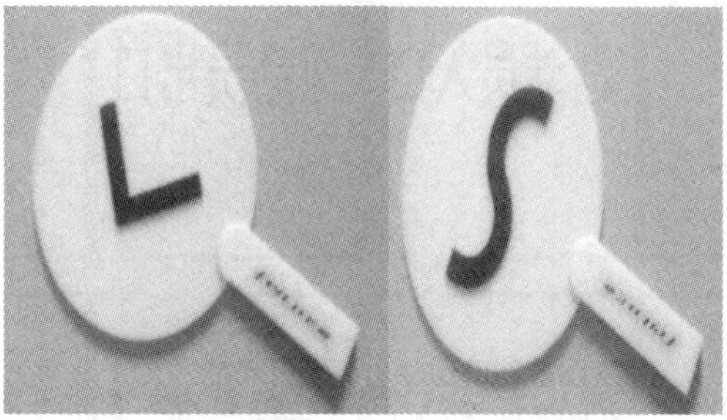

附录图1-2　竞走裁判用黄牌

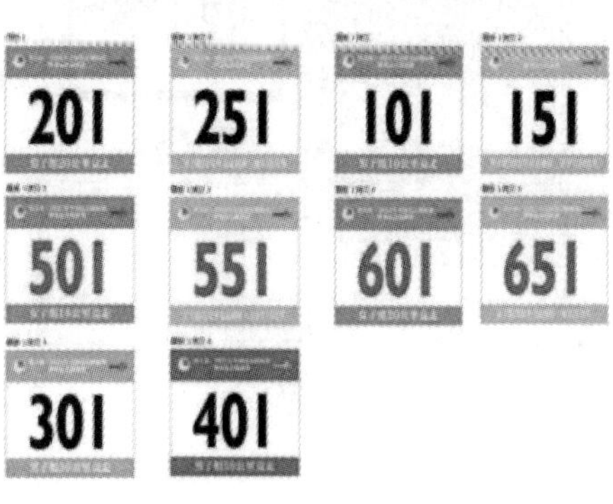

附录图1-3　号码布

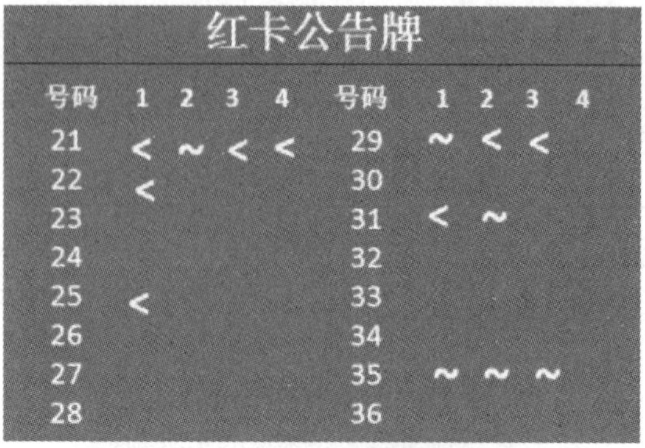

红卡公告牌

号码	1	2	3	4	号码	1	2	3	4
21	<	~	<	<	29	~	<	<	
22	<				30				
23					31	<	~		
24					32				
25	<				33				
26					34				
27					35	~	~	~	
28					36				

附录图1–4　红卡公告牌

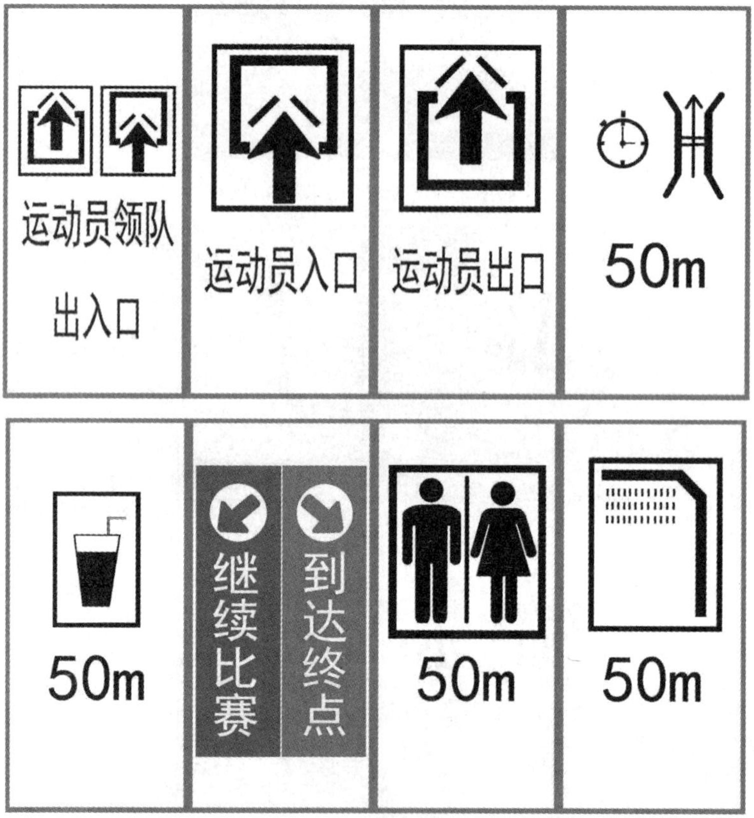

附录图1–5　赛道标识1（0.55米×0.60米×1.4米）

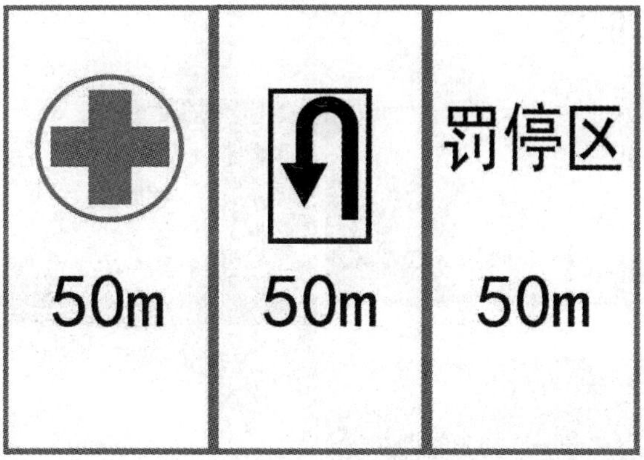

附录图1-6　赛道标识2（0.55米×0.60米×1.4米）

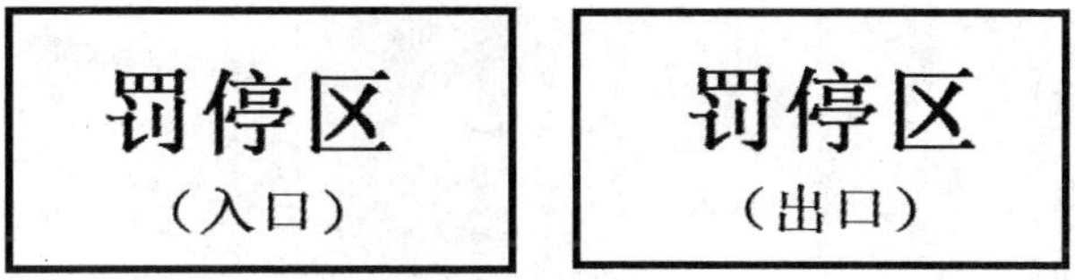

附录图1-7　罚停区地贴

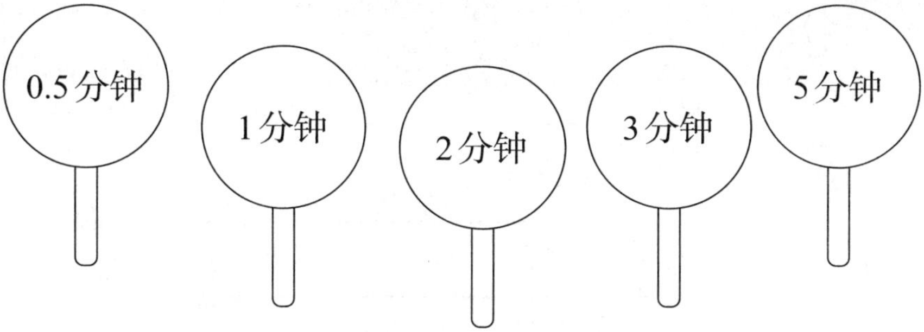

附录图1-8　罚时通知牌

附录二　功能区

附录图2-1　主席台

附录图2-2　起点

附录图2-3　自备饮料站

附录图2-4　用水/饮水站

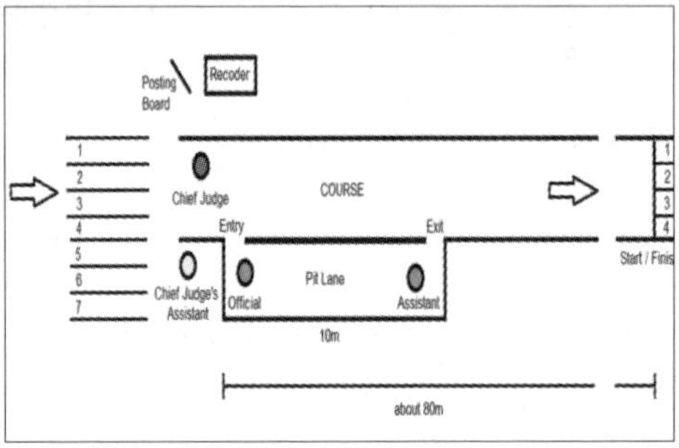

附录图2-5　罚停区（10米长×3米宽）

附录图2-6　公路赛罚停区

附录图2-7　场地赛罚停区